Theodor Kolde

Luther's Stellung zu Concil und Kirche bis zum Wormser Reichstag 1521

Theodor Kolde

Luther's Stellung zu Concil und Kirche bis zum Wormser Reichstag 1521

ISBN/EAN: 9783743667952

Hergestellt in Europa, USA, Kanada, Australien, Japan

Cover: Foto ©Lupo / pixelio.de

Weitere Bücher finden Sie auf **www.hansebooks.com**

Luther's
Stellung zu Concil und Kirche
bis zum Wormser Reichstag, 1521.

Historisch entwickelt

von

Dr. Th. Kolde,
Licentiaten und Privatdocenten der Theologie an der Universität Marburg.

Gütersloh.
Druck und Verlag von C. Bertelsmann.
1 8 7 6.

Meinem lieben Vater,

dem Geistlichen und Theologen,

Herrn Karl Adolph Kolde,

ev. Pfarrer zu Langenöls, Kr. Nimptsch in Schlesien,

in dankbarer Liebe

zugeeignet.

Vorrede.

Eine neue Bearbeitung des wichtigsten Abschnitts in Luthers Leben, der Jahre des Abfalls und des Höhepunkts reformatorischer Thätigkeit, wird auch nach Köstlins trefflichem Werke keiner Entschuldigung bedürfen. Denn seine großartige Arbeit, für weitere Kreise bestimmt, konnte bei aller umfassenden, nur für den Kundigen übersehbaren Einzelforschung, ohne die Leser zu ermüden, nicht immer die einzelnen Entwickelungsmomente so vorführen, wie Theologen und Historiker es wünschen möchten, und Köstlin selbst hat ja, — nachdem ich mich schon vorher zu meiner Arbeit entschlossen hatte, — den Wunsch ausgesprochen, durch sein Werk zu neuen Forschungen anzuregen. Um so mehr würde es mich freuen, wenn gerade er einen Beitrag zu unserem Verständniß von Luther in meiner kleinen Schrift finden könnte.

Die Frage nach Wesen und Werth der Kirche, zuerst wieder von Richard Rothe angeregt, lange Zeit ignorirt, beginnt in theologischen Kreisen nachgerade die höchste Bedeutung zu gewinnen, und ich meine nicht zu irren, wenn ich glaube, daß die Erörterung des Kirchenbegriffs die Hauptaufgabe der systematischen Theologie innerhalb der nächsten zwanzig Jahre werden wird, — hoffentlich unter Benutzung der Rotheschen Grundgedanken, zu denen ich mich im Großen und Ganzen von Herzen bekenne. — Das Dogma von der unsichtbaren Kirche ist und bleibt einmal eine unfruchtbare Abstraction, ein haltloser Nothbehelf, um die vermeintliche Einigkeit der Kirche zu wahren, und wie schwach Luther seine Theologumenon begründet hat,[1]) wird man aus meiner Arbeit ersehen können, wenn ich es auch grundsätzlich unterlassen habe, eine Beurtheilung seiner Doctrinen zu geben; dadurch würde die Darstellung leicht an Objectivität verloren haben.

Aber nicht um Luthers Lehre von der Kirche darzustellen, habe ich diese Untersuchung angestellt, sondern um rein historisch aus den Quellen unter möglichst vollständiger Betrachtung aller bestimmenden Momente und Beziehungen, besonders der humanistischen, die von Köstlin, wie mir scheint, unterschätzt sind, Luthers allmähligen Abfall von dem mittelalterlichen Kirchenthum bis zu seiner Verurtheilung in Worms klarzulegen. Dieser Abfall gipfelt nun, wie man bisher zu wenig betont hat, in der Verwerfung des Concils, speziell des Constanzer, und dieser Umstand, nicht etwa die Loslösung vom Papst, ist es gewesen, der Luthers Verurtheilung nach den bestehenden Rechtsanschauungen zur Folge haben mußte. Darum glaubte ich auch die Concilsfrage voran stellen zu müssen. Daß die Kenntniß von Luthers Stellung zum Concil auch für diejenigen protestantischen Kreise, die sich augenblicklich so sehr nach einem höch-

---

[1]) Unverständlich ist mir, wie nach Ritschl („Ueber die Begriffe sichtbare und unsichtbare Kirche" Studien und Kritiken 1859 S. 200 ff.) auch Krauß („Das protestantische Dogma von der unsichtbaren Kirche." Gotha 1876. S. 19 und 26.) Zwingli die Priorität in Bezug auf den Begriff der unsichtbaren Kirche zuschreibt: „Zwingli's großes Verdienst besteht darin, dem Protestantismus in seinem wichtigsten Kampfe zu einem Schlagwort verholfen zu haben." Luther hat den Begriff schon 1519 und 20, der Ausdruck findet sich meines Wissens zuerst in der Schrift gegen Ambrosius Catharinus (Luth. opp. varii arg. V, S. 295.) Diese allerdings sehr weitschweifige Schrift scheint selten im Urtext gelesen zu werden.

Leider bekam ich das Buch von Krauß zu spät, um mich allseitig mit seinen historischen Erörterungen auseinandersetzen zu können. Unrichtig ist, wie ich hier noch bemerken will, die Behauptung, daß Luther bei der Bildung seines Kirchenbegriffs von der von Hus empfangenen Anregung ausgegangen sei. (Krauß S. 28.)

ſten Glaubenstribunal ſehnen, von Intereſſe ſein wird, darf wohl vorausgeſetzt werden.

Es würde Manchem vielleicht angemeſſener erſcheinen, wenn ich außer der Stellung zu Concil und Kirche auch die dogmatiſche Entwicklung jener Jahre in den Kreis meiner Betrachtung gezogen hätte, aber darin iſt bisher nur zu viel geſchehen. Die Frage von der Rechtfertigung iſt ja gewiß der Ausgangspunkt des Kampfes geweſen, die Schrift iſt ja gewiß das Panier der evangeliſchen Kirche, aber es iſt doch unhiſtoriſch daraus den Hauptgegenſatz abzuleiten: die Cardinalfrage zwiſchen Katholicismus und Proteſtantismus wird immer die Lehre von der Kirche ſein, das Recht der chriſtlichen Subjectivität gegenüber der Autorität der Hierarchie. Dem widerſprechen freilich, wenn man ſie wörtlich faßt, die leidigen ſogenannten proteſtantiſchen Principien, aber es iſt eben ganz falſch, wenn man in dem Luther jener erſten Jahre den fertigen Dogmatiker ſieht, wie er mit Material- und Formalprincip abrechnend antipäpſtliche oder gar antizwinglianiſche Dogma ſchmiedet. Der Reformator Luther iſt ebenſowenig Dogmatiker wie Immanuel Kant, ſondern rein Empiriker wie jener, und wenn auch ihre Erfahrungstheorie eine ſehr verſchiedene iſt, ſo gewährt ſie doch Beiden dieſelbe Gewißheit. Iſt jene erſte Periode die echte Quelle des Proteſtantismus, ſo kann man von keinem andern proteſtantiſchen Princip reden, als dem der chriſtlichen Subjectivität: der Chriſtus in Luther, der durch das Wort in ihm geboren wird, iſt der Herr und Richter über alle Dinge, ſogar über die Chriſtlichkeit der Schrift.

An dieſen hiſtoriſchen Reſultaten kann der Umſtand Nichts ändern, daß man in gewiſſen Kreiſen von jenem anfänglichen, immerhin etwas demokratiſch angekränkelten Luther Nichts wiſſen will; und das iſt doch einmal nicht abzuleugnen: das deutſche Volk kennt nicht den Luther von Marburg, oder etwa die verzerrte Todtenmaske, die uns aus der Concordienformel entgegenſtarrt, ſondern in ſeinem

Herzen lebt nur der seines Glaubens in sich gewisse Luther von Worms. — —

Daß meine Arbeit keiner Partei dienen will, sondern aus rein historischem Interesse hervorgegangen ist, wird Jeder leicht finden können, der sich die Mühe nimmt, mich nach den reichlich angegebenen Quellen zu controlliren. Habe ich innerhalb meines Schriftchens, wie es einer historischen Untersuchung geziemt, mit Ausnahme einer Beziehung auf die Altkatholiken, alle Anspielungen auf die Gegenwart vermieden, so glaubte ich doch die obigen Bemerkungen, die sich mir recht oft gegen meine Neigung durch meine Studien aufbrängten, an dieser Stelle aussprechen zu dürfen, ja vielleicht zu sollen. — — —

Zu meinem großen Bedauern sind, infolge der großen Eile, mit der die ersten Bogen gedruckt werden mußten, zahlreiche Druckfehler und Ungleichartigkeiten in der Schreibweise stehen geblieben. Einiges habe ich am Schluß verbessern können, für Anderes bitte ich um freundliche Nachsicht, deren, wie ich sehr wohl weiß, meine ganze Arbeit im höchsten Maße bedarf.

Th. Kolde.

Einleitung.

Die Concilsidee des fünfzehnten Jahrhunderts in ihren Grundzügen.

Bis zum Pisaner Concil war es mit wenigen Ausnahmen allgemeine Ansicht gewesen¹), daß ein Concil nur von dem Papst berufen werden könne, obwohl keines der bisherigen ökumenischen Concilien von einem Papste, sondern immer von weltlichen Fürsten berufen worden war. Dies war der Grund, warum trotz des allgemeinen Wunsches sich so lange kein Concil versammeln konnte, da keiner der schismatischen Päpste sich dazu bereit erklärte. Da waren es die Universitäten Bologna und Paris, die durch ihre Theologen und Rechtsgelehrten anfingen, eine andere Ansicht vom Verhältniß zwischen Papst und Concil in Umlauf zu setzen, die endlich so zu allgemeiner Geltung gelangte, daß die Cardinäle der beiden Päpste Gregor XII. und Benedict XIII. wider deren Willen ein Concilium nach Pisa berufen konnten.²) Von ganz besonderem Einfluß hiefür wurden die Schriften des Johann Charlier von Gerson, des Kanzlers der Pariser Universität, der in zwei Tractaten, de unitate ecclesiae³) (geschrieben im Januar 1409) und de auferibilitate Papae ab ecclesia⁴) der Kirche und dem dieselbe repräsentirenden Concil durchaus ein Richteramt über den Papst vindicirt. Die Kirche kann tam divino quam naturali jure⁵) sich zu einem Con-

---

¹) Vgl. Schwab, Joh. Gerson S. 219.
²) Ebend. S. 214 ff.
³) Joh. Gersonii opp. ed. Du Pin Antwerp. 1706 II, 114.
⁴) Ebend. S. 209.
⁵) Ebend. Consid. II, vgl. auch Consid. X.

cil versammeln, auch wider Willen des Papstes und der Cardinäle, adjutorio et auxilio cujuscunque principis vel alterius Christiani. In der zweiten Schrift geht er von dem Gedanken der bräutlichen Verbindung zwischen Kirche und Papst aus und schließt aus dem allgemein anerkannten Rechte des Papstes zu resigniren dando ei libellum repudii[1]) auf das Recht der ecclesia sponsa similiter sponsum repudiare. Und dieses Recht gebührt der Kirche nicht etwa durch Uebereinkunft, sondern auctoritative, judicialiter, atque juridice — jedoch unbeschadet des jus divinum des päpstlichen Primats, den man aufzugeben durchaus nicht geneigt war. Diese Anschauung war freilich in ihren letzten Consequenzen ausgesprochen damals ganz neu[2]), nichtsdestoweniger wurde sie doch infolge der ganzen Sachlage vom Concil approbirt und man eilte ihre Vortrefflichkeit durch die Absetzung beider Päpste zu beweisen.[3]) Doch war es thöricht zu hoffen, ein neuer Papst würde solchen Ansichten ohne Weiteres zustimmen. In Alexander V. hatte man sich gründlich getäuscht, denn seine erste Handlung als Papst war, das Concil zu vertagen. Seinen Nachfolger vermochte der Umstand, daß er seine Legitimität auf die Pisaner Beschlüsse stützte, nicht vor dem Schicksal seiner Nebenbuhler zu retten. Die erneuten Verhandlungen mit den beiden andern Päpsten mußten die Anerkennung jener Decrete sogar eine Zeitlang fraglich erscheinen lassen, aber man ging bald darüber hinaus. Die Superiorität des Concils über den Papst wurde in Costnitz näher dahin bestimmt, daß eine universalis synodus auch das Recht hätte, einen legal gewählten Papst, auch wenn man ihm kein Verbrechen oder Häresie vorwerfen könnte, zur Abdankung zu nöthigen, wenn dies im Interesse der gesammten Kirche wäre. Dieser Grundsatz wurde ganz besonders von Petrus Alliacensis, Cardinalis Cameracensis, ausgesprochen und zur Geltung gebracht.[4]) Demgemäß erklärt die Synode in der V. Session (30.

---

[1]) Ebend. Consid. X. Da der Papst ja nur ein Stellvertreter des eigentlichen Bräutigams ist.
[2]) Gerson gibt das selbst zu a. a. O. S. 423.
[3]) In der XV. Sessio bei D'Achery, Spicil. I, p. 847 ss.
[4]) v. d. Hardt, Conc. Constant. IV, II p. 220: Sic et regulari-

März) und VI. (den 6. April) als legitime congregata, quod ipsa potestatem a Christo immediate habet, daß jeder Stand und jede Würde, etiamsi papalis, gehalten sei, ihr in allen Dingen zu gehorchen, welche sich auf den Glauben, die Ausrottung des Schisma und die Reformation bezögen. — Bekanntlich scheiterten die Reformversuche an der vorzeitigen Wahl eines neuen Papstes. Martin V. wußte Alles zu verhindern und jenes Decret von der Unterwerfung des Papstes unter die Synode wurde von ihm schon während des Concils thatsächlich verworfen. Denn als die deutsche Nation ihre avisamenta super articulis juxta decretum Concilii reformandis[1]) eingab, wo sie im 13. Artikel das Verfahren gegen einen schismatischen oder Aergerniß gebenden Papst näher bestimmt haben will, so wird ihr vom Papst auf diesen Artikel geantwortet: Non videtur prout nec visum fuit in pluribus nationibus circa hoc aliquid novum statui vel decerni.[2]) Was konnte man da für einen Erfolg von der Bulle Frequens erwarten (9. Octbr. 1417), durch die die Concilien zu einer stehenden Einrichtung der Kirche erhoben wurden? Man ließ sich solche Antworten gefallen und wagte auch nicht einzuschreiten, als Martin V. ausdrücklich verbot, vom päpstlichen Stuhl aus an ein Concil zu appelliren. So hatte sich die Stimmung der Versammlung geändert, nur Wenige grollten, unter ihnen laut und vernehmlich Joh. Gerson, der das klare Bewußtsein hatte, daß mit dieser Bestimmung die ganze Arbeit des Constanzer Concils eine vergebliche geworden war.[3])

---

ter Papa verus et canonicus de haeresi aut nullo notorio crimine ecclesiam scandalizante non infamatus nec suspectus nequeat ab aliquo particulari collegio seu persona singulari contra ea, quae sunt sui juris, compelli vel arctari: tamen ab universali ecclesia, seu concilio generali ipsam repraesentante, attenta prolixitate casus praesentis pro pace Ecclesiae celerius procuranda juste posset ad cessionem compelli. — Si in casu praedicto Papa dictam viam pertinaciter recusaret, legitime posset tamquam schismaticus et de fautoria suspectus rationabiliter condemnari.

[1]) Ebend. I, XXII p. 999 ss.
[2]) Schwab a. a. O. S. 664.
[3]) Ebend. S. 666.

Das Concil selbst hatte sich also als Repräsentation der ganzen Christenheit gefaßt und sich demgemäß die unmittelbare Leitung des heiligen Geistes vindicirt und die höchste Administrativ- und Correctivgewalt beansprucht, — Anschauungen, welche ohne Weiteres von den Basler Vätern acceptirt wurden und eine große Zahl von Tractaten dafür und dawider hervorriefen. Doch darf man nicht meinen, wie vorausgesetzt werden könnte, daß man hieraus allgemein die Infallibilität des Concils gefolgert hat. Denn wenn auch Männer wie Gerson und die Wortführer des Basler Concils gegen eine Unfehlbarkeit des Papstes mit aller Entschiedenheit für die des Concils eintraten, so behaupteten doch Andere, wie d'Ailli, das Gegentheil, der sogar die Möglichkeit einer Irrung in Glaubenssachen zugab.[1])

Sprach man von einer Infallibilität des Concils gegenüber der des Papstes, so verstand man darunter allgemein eben ein solches, welches die Gesammtkirche durchaus repräsentirte. Wenn einem Concil dieser Charakter fehlte, so konnte von einer Unfehlbarkeit desselben nicht mehr die Rede sein. Darum wurde auch die Oekumenicität ganz besonders betont, um den Constanzer und Basler Beschlüssen den Päpsten gegenüber Nachdruck zu geben.[2]) So äußern sich die Basler in einem Schreiben an den Bischof von Salzburg[3]), die Kirche und das Concil schienen dieselbe Gewalt zu besitzen. Aus Act. 15 gehe hervor, daß der heilige Geist auf dem allgemeinen Concil urtheile und dasselbe darum nicht irren könne. Kein gesetzmäßig versammeltes Concil könne dem Irrthum anheimfallen, denn sonst würde Alles in der Kirche unsicher und schwankend. Es wäre eine Blasphemie, wenn Jemand leugnen wollte, daß der heilige Geist die Aussprüche, Kanones und Decrete der Concilien eingebe. Auch die Universität Paris erklärte die Leugnung der Unfehlbarkeit der Concilien 1440 für eine Häresie, doch dies wohl nur im Interesse

---

[1]) P. Tschackert, Petrus Alliacenus de ecclesia quid docuerit etc. Vratisl. 1875. S. 23.

[2]) Langen, das vaticanische Dogma. Th. 3. S. 149.

[3]) Bei Mansi XIX, 1269.

der Basler Beschlüsse.¹) Diesen Ansichten hatte d'Ailli widersprochen, indem er auseinandersetzte, daß man aus der Annahme, daß das Pisanum nicht geirrt habe, noch nicht schließen dürfe, daß es nicht habe irren können, denn blos der Gesammtkirche sei das Privilegium gegeben: dein Glaube wird nicht verloren gehn.²) An einer andern Stelle lehrt er, für den Fall des Irrthums eines Concils müsse man an ein anderes appelliren und so fort, bis ein wahrhaft katholisches Concil zusammentrete.³) Nicolaus von Cusa beruft sich auf die Aeußerung Augustins (de bapt. contra Donatist. II, 4), wo gesagt wird, daß frühere allgemeine Concilien von späteren verbessert werden können, und Nicolaus de Tubesco (Panormitanus) geht sogar so weit zu behaupten, daß es bei Concilsentscheidungen lediglich auf Gründe ankäme, wobei die Meinung auch eines Einzelnen, falls sie durch bessere Gründe aus dem alten und neuen Testament gestützt werde, den Vorzug verdienen könne.⁴) So auch noch Andere wie der Cardinal Jacobazzi (um 1500), wenn er sich auch nicht immer gleich bleibt.⁵) Selbst der Cardinal Turrecremata, der doch so nachdrücklich die Unfehlbarkeit des Papstes vertritt, gibt an einer Stelle zu, Päpste und Concilien könnten irren; ihre Aussprüche würden dann durch spätere Concilien oder Päpste verbessert. Doch sei dies nicht leicht von einem rechtmäßig berufenen und rechtmäßig fortgesetzten Concil anzunehmen. Das Concil repräsentire freilich die Ge-

---

¹) Langen a. a. O. S. 151.
²) Bei Mansi XXVII, 547.
³) Gerson I, 689 bei Tschackert a. a. O. S. 23.
⁴) In cap. significasti de elect. et electi pot. In concernentibus fidem concilium est supra papam; unde non potest papa disponere contra dispositum per concilium.. puto tamen, quod si papa moveretur melioribus rationibus et auctoritatibus, quam concilium, quod standum esset sententiae suae. Nam et concilium potest errare.. in concernentibus fidem etiam dictum unius privati esset praeferendum dicto papae, si ille moveretur melioribus rationibus novi et veteris testamenti, quam papa etc. bei Blau, kritische Geschichte der kirchl. Unfehlbarkeit. Frankf. a. M. 1791 S. 246. Luther beruft sich häufig auf diese Stelle.
⁵) Bei Langen 139 ff.

sammtkirche, aber es sei doch nicht die ganze Kirche, denn die, welche zum Concil kämen, brächten nicht den Glauben und die Liebe und die Heiligkeit derer mit, die zurückblieben. Wenn daher ein allgemeines Concil einen neuen Glaubensartikel aufstellte, der gegen die heilige Schrift wäre, oder aus ihr nicht bewiesen werden könnte, wären wir nicht verpflichtet, ihn anzunehmen.[1])

Es würde zu weit führen, wollten wir die gesammte literarische Fehde, die sich über diese Anschauungen entfaltete, des weiteren entwickeln. Es genügt, die Hauptpunkte zusammenzufassen.

Es galt also durchaus nicht für nothwendig, daß das Concil vom Papst berufen würde, ja der streng curialistische Bischof von Brixen, Petrus a Monte († 1458) lehrte sogar, wenn es sich um den Glauben handle, könne der Kaiser aus freien Stücken auf dem Concil erscheinen, als der getreue Beschützer der Kirche. Auch Laien könnten an dem Concil theilnehmen, wenn eine Glaubensangelegenheit verhandelt werde. Sie brauchten freilich nicht zum Concil berufen zu werden, aber der freie Zutritt sei ihnen zu gestatten, weil der Glaube möglicherweise nur in einem Einzigen erhalten bleibe, wie während des Leidens Christi in Maria.[2]) Oft und vielmals hat man den heidnischen Päpsten jenes Zeitalters mit einem Concil gedroht, und wenn auch der Versuch des großdenkenden Andreas von Krain, wirklich eines aufzurichten, zu nichts weiter als einer Tragödie führte[3]) so zeigt doch der Umstand, daß jener Gedanke von vielen Seiten in Betracht gezogen wurde, daß man keineswegs geneigt war, sich dieser wichtigen Waffe gegen das Papstthum zu begeben.

Was die Superiorität des Concils anlangt, so stellt sich das Verhältniß am Ende des Jahrhunderts ungefähr so, daß sie im Zusammenhange mit dem Episcopalsystem in Italien, Spanien und Portugal geleugnet wird, während die Sorbonne und die französi-

---

[1]) Bei Langen a. a. O. S. 154 ff. vgl. S. 33.
[2]) Ebend. 148 ff.
[3]) Ueber ihn vergl. Burkhardt, Erzbischof Andreas von Krain. Basel 1852.

schen Parlamente streng daran festhielten und gegentheilige Aeußerungen zu ahnden suchen, in Deutschland beide Meinungen neben einander stehen, was vielleicht seinen Grund in der größeren oder geringeren Abhängigkeit von Thomas hat.¹) Eine Appellation an ein allgemeines Concil galt als durchaus gesetzmäßig. So appellirten trotz Pius II. und seiner Bulle Execrabilis (1460) Herzog Sigismund von Tyrol²), Kurfürst Diether von Mainz und andere Bedrängte, zuletzt, wenn auch ziemlich ungehört, die Sorbonne gegen das Concordat Franz I. mit Leo X.³)

Bei alledem darf man jedoch nicht vergessen, und das ist das Wichtigste für unsere spätere Untersuchung, daß es sich bei der Frage über die Fehlbarkeit oder Unfehlbarkeit von Concilienbeschlüssen n i e m a l s u m s o l c h e h a n d e l t, d i e b e r e i t s d u r c h d i e N a t i o n e n a n e r k a n n t w o r d e n s i n d. Wo es nicht überhaupt blos die Theorie galt, sondern um die Richtigkeit und Wahrheit eines wirklich stattgehabten Concils, so bezog sich der Streit eben nur auf das Basler Concil, was nicht allenthalben anerkannt war. Die Beschlüsse irgend eines andern, etwa die des Constanzer, in Zweifel zu ziehen, wäre die höchste Ketzerei gewesen. Darüber herrschte gar kein Zweifel.

Das Pisaner Concil von 1511 zeigte deutlich, daß man unter Umständen sogar in Deutschland mit der praktischen Ausführung der anticurialistischen Tendenzen Ernst machen konnte. Daran knüpften

---

¹) So behauptet Gabriel Biel, dem doch ein bedeutender Einfluß auf seine Zeitgenossen in Deutschland zugeschrieben werden muß, entschieden eine Superiorität der Kirche über den Papst und die Legitimität der Basler Beschlüsse, andrerseits verklagte die Wiener Facultät 1492 eines ihrer Mitglieder beim Papste wegen des Satzes concilium esse supra Papam vgl. Gieseler Kirchengesch. Bd. 6. S. 232. Ferner ist hier zu vgl. Joh. Friedrich, der Reichstag zu Worms im Jahre 1521, in Abhandlungen der historischen Classe der kgl. bayer. Academie der Wissensch. XI. 3. Abth. S. 62 ff. wo die Behauptung: „Für unsere Nation stand es fest, daß das Concil in Glaubenssachen über dem Papst stehe", nach Obigem einer Beschränkung bedarf.
²) Vgl. Brockhaus, Gregor von Heimburg. Leipzig 1861. S. 170 ff.
³) Löscher, Reformationsacte I, p. 554.

sich denn auch die letzten Streitschriften über das Verhältniß zwischen Concil und Papst. Zur Bestreitung der Synode von Pisa schrieb nämlich Thomas Vio de Gaëta derselbe, mit dem im Jahre 1518 Luther zu thun hatte, seinen tractatus de comparatione auctoritatis Papae et concilii, worin er in den stärksten Ausdrücken die Oberhoheit des päpstlichen Stuhles über alle Welt behauptete. Im Auftrage der Sorbonne wurde diese Schrift von Jacobus Almainus und Johannes Major beantwortet; aber noch im Jahre 1520 schrieb Cajetan de Romani Pontificis institutione et auctoritate.[1]

In unserm Vaterlande bekümmerten sich die Gelehrten am Ende des 15. und Anfang des 16. Jahrhunderts augenscheinlich ziemlich wenig um derartige kirchenpolitische Fragen. Es war eine gewisse Erschöpfung eingetreten nach den größtentheils fruchtlosen Bemühungen dreier Menschenalter, und jene tiefer angelegten Männer, die man Vorreformatoren zu nennen sich gewöhnt hat, besonders ein Wessel von Gröningen, legten den Concilien keinen großen Werth bei.[2] Auch begannen andere Interessen in den Vordergrund zu treten. Der Scholasticismus und der Humanismus geriethen damals zuerst aneinander und versuchten das erste Mal die Schärfe ihrer Waffen. Man findet darum nicht, daß man den Vorgängen in Italien, den Kämpfen Maximilians mit Rom allzuviel Aufmerksamkeit geschenkt hätte. Das Pisaner Concil ging auseinander, ohne daß es von dem nationalen Gedanken, wozu doch Gelegenheit war, gestützt worden wäre, und das Lateranconcil ging vorüber, während man sich in Deutschland der Wichtigkeit einer solchen Versammlung gar nicht bewußt wurde. Einestheils war man zu sehr daran gewöhnt, Alles von Rom unbesehen zu empfangen, anderntheils fühlte man sich im Glanze des aufgehenden Humanismus zu erhaben, um die römischen Vorgänge überhaupt zu würdigen. — —

[1] In Rocaberti bibliotheca maxima Pontific. Tom. XIX. p. 443 u. p. 526 ff.

[2] Ullmann, Reformatoren vor der Reform. II S. 536.

I.
Die Anfänge bis zur Leipziger Disputation.

Wenden wir uns nunmehr zu Luthers theoretischer und praktischer Stellung zu Concil und Kirche, so muß zuerst die ziemlich verbreitete Ansicht zurückgewiesen werden, als sei Luther mit jenen Kämpfen des 15. Jahrhunderts in der ersten Zeit seines Auftretens vollständig unbekannt gewesen und hätten die Aeußerungen jener Kirchenpolitiker auf ihn gar keinen Einfluß gehabt. Wenn man auch gewiß jenen Ausdruck Melanchthons in seinem Panegyrikus auf Luther, daß er den Gabriel Biel und Peter d'Ailli fast auswendig gewußt hat,[1] nicht zu sehr urgiren darf, so geht doch aus seinen Schriften selbst zur Genüge hervor, daß er d'Ailli ziemlich genau gekannt hat und zwar nicht etwa blos die Sentenzen. Von den andern Vertretern des Anticurialismus citirt er hauptsächlich Nicolaus de Tudesco, wie wir weiter unten sehen werden. Ob Luther Ocams kirchenpolitische Ansichten schon in diesen Jahren gekannt hat, wage ich mit Bestimmtheit nicht zu behaupten, citirt findet man ihn in diesen Fragen nicht. Wie dem auch sei, so ist doch anzunehmen, daß auch wenn die Ansichten jener Männer ihm nicht fremd waren, er sie keineswegs ohne Weiteres acceptirt hat, sondern ganz gewiß sich bewußt gewesen ist, daß sie mit der hergebrachten Kirchenlehre in einem theilweisen Widerspruche standen, ja daß er sie nach seiner eigenen Aussage[2] sogar anfangs gehaßt hat. Der unmittelbare Einfluß der Erfurter Lehrer ist jedenfalls nicht sehr bedeutend gewesen, was schon daraus zu erkennen ist, daß er später eine sehr spärliche Anerkennung bei ihnen gefunden hat.[3]

---
[1] Vitae quatuor reformatorum. Praef. est Neander. Berol. 1841. p. 6.
[2] Köstlin, Luthers Theologie I. S. 28.
[3] Ebenda. S. 14. Vgl. auch Plitt, Jodocus Trutvetter. Erl. 1876.

Man muß sich daher hüten, irgend etwas Bestimmtes auf sie zurückzuführen.

Was von allen Lehrmaterien bei Luther gilt, muß auch von den uns hier besonders interessirenden gesagt werden, daß sie sich nicht systematisch aus einem Princip, sondern rein historisch entwickelt haben. Ist ja doch Luthers ganze Theologie eine mehr praktisch gewordene als einheitlich entwickelte. In dem uns beschäftigenden Zeitraum kann man hiefür zwei Perioden unterscheiden, von denen die erste bis zum Jahre 1516, sachlich bis zum Ausbruch des Ablaßstreites reichen würde. Sie ist die interne Periode: unbeirrt von außen, höchstens berührt von der Mystik der „deutschen Theologie" und Taulers, entwickelt sich Luther aus sich selbst heraus, erwächst dem ringenden Sünder das Bewußtsein der alleinseligmachenden Gnade. Sind jene sogenannten reformatorischen Principien, wenn auch noch unbewußt, doch schon vorhanden, so fehlt gleichwohl noch der Gegensatz, um sie zur Geltung zu bringen. Das äußere Kirchenwesen tritt vollständig zurück hinter dem innern Christenthum, das den ganzen Menschen erfüllt und ihn vollständig einnimmt, wie die Predigten aus dieser Zeit zur Genüge belegen. Bis dahin lag keine objective Veranlassung vor, aus sich heraus zu gehen, Consequenzen zu ziehen, und ohne Noth hat Luther dieselben selten, ja fast nie gezogen. Dazu bedurfte es eben des Gegensatzes, der ihm zunächst in der Ablaßfrage erwächst und damit beginnt die andere Periode seiner Theologie.[1]) Durch die Reaction tritt das Material- und Formal-Princip immer mehr hervor, doch auch hier noch nicht in der Weise, wie man es vielfach dargestellt hat, als ob Luther jede neue Lehrentscheidung daran geprüft hätte. Lassen sich auch die einzelnen Doctrinen für den Historiker leicht auf jene Gedanken zurückführen, so hat sie doch Luther keineswegs mit Bewußtsein darauf zurückgeführt und das ist es doch, worum es sich für uns handelt. Auch auf diesem Standpunkt kommt es zu keiner systematischen Theologie, zu der es wie ich glaube Luther überhaupt nicht gebracht hat,

---

[1]) Es versteht sich von selbst, daß wir diese Periode nicht mit dem Schlußpunkte unserer Entwicklung, dem Jahre 1521, enden lassen, sondern sie bis zur Reaction während des Bauernkrieges fortgehend denken.

sondern seine Theologumena entstehen durch einzelne Widersprüche und die Consequenzen Anderer. Ganz besonders in den ersten Jahren, wo Feinde wie Ed einerseits, rascher eilende Freunde wie Carlstadt andrerseits, die Entwicklung der Lutherschen Theologie in nicht geringem Maße beeinflußten. Erbaut sich demnach seine ganze Lehrweise rein historisch, so kann es nicht Wunder nehmen, wenn wir manche Fragen erst nach vielen Jahren eingehend behandelt finden, während wir sie, nach ihrem innern Zusammenhange mit andern, schon weit früher erwarten sollten. So findet sich eine zusammenfassende Darstellung von Luthers Ansicht über Concil und Kirche erst in seinem Buche „Von den Concilien und Kirchen" vom Jahre 1539 — als die Verhandlungen über eine etwaige Beschickung des Mantuaner Concils eine Klarstellung dieser Frage erheischten, — während, wie wir zeigen wollen, seine Stellung zu dieser Frage schon im Jahre 1521 entschieden war, seit welcher Zeit sich sein Kirchenbegriff nicht wesentlich verändert hat. —

Wie tief Luther auch schon die großen Schäden des ganzen Kirchenthums besonders nach seiner Romreise erkannt hatte, so war er doch fern davon, diese der Kirche selbst und nicht vielmehr einzelnen Personen zuzuschreiben. Die Kirche als solche, als Organismus, als einheitlich gegliederte Hierarchie lag ihm im Ganzen ziemlich fern.[1]) Die Händel des Papstes mit dem Kaiser kümmern wie das ganze deutsche Reich auch Luther sehr wenig, und es läßt sich nicht nachweisen, daß die Synoden von Pisa und Rom ihn besonders beschäftigt hätten. Eine besondere Veranlassung dazu war wohl da, der wir auch aus dem Jahre 1514 einige Bemerkungen über die Erwartungen, die er von einem Concile hegte, verdanken. Luther schrieb nämlich für den zum Concil abgehenden Propst von Leitzkau einen Sermon,[2]) in welchem er von 1. Joh. 5, 4 ausgehend auch auf die

---

[1]) Gegen Vorreiter, Luthers Ringen mit den antichristlichen Principien der Revolution. Halle 1860, der von seinem katholisirenden Kirchenbegriff aus „Luthers Mitleiden mit der Kirche," „das Mitfühlen mit der Schuld der Kirche und des in ihr herrschenden Antichristenthums," mit vielem Geistesreichthum und Phantasie aber wenig Geschichte allzusehr betont.

[2]) Welchen dieser auf dem Concil halten wollte oder sollte. (Knaake) meint in seiner Recension von Köstlins Luther, Zeitschr. für luther. Th. 1876

Pflichten des Concils kommt, und die Väter durch den Propst ermahnen läßt, es ihre erste Sorge sein zu lassen, „daß die Priester überströmen von dem Worte der Wahrheit." Es wäre entsetzlich, wie sehr die Predigt des Wortes Gottes darniederliege, und man müsse sich wundern, daß das Volk noch so sei, wie es sei, da ihm zum größten Theil nur Fabeln gelehrt würden.[1]) Die zweite Aufgabe des Concils sei, Mittel aufzufinden um den Lüsten und Lastern, die den gesammten Clerus schänden, zu steuern. Das sei das Wichtigste mit; geschähe dies nicht, so würde die Welt mit Recht die Synode verlachen.[2]) Wie Luther über das Verhältniß von Papst und Concil gedacht hat, läßt sich hieraus nicht ersehen. Er hatte ja auch in einer Predigt keine besondere Veranlassung diese Frage zu berühren. Doch so viel können wir wenigstens daraus entnehmen, daß er neues Heil von einem Concile hoffte, und da er auch den Papst selbst mit einschließt in die Zahl der lastervollen Priester, denen das Concil einen Zügel anlegen soll, so scheint er der deutschen Tradition nach dem Concil doch auch jetzt schon eine Superiorität zuzuerkennen, wenn er es auch nicht direkt ausspricht.

Man könnte sich wundern, daß die fast unglaublichen Beschlüsse des Lateranensischen Concils, in denen dem Papste beinahe göttliche Ehre zu Theil wird und seine Unfehlbarkeit nicht bestritten wird, nicht den leisesten Widerspruch Luthers etwa in seinen Briefen hervorgerufen haben, wenn man sich nicht erinnert, daß Deutschland da-

---

II. H. S. 338, daß man kaum annehmen dürfe, daß der Propst zum Concil nach Rom gegangen sei und dort eine Predigt zu halten hatte, und ist der Ansicht, daß damit wohl nur eine Provinzialsynode gemeint sei. Doch konnte der Propst wie ein Paar Jahre früher Staupitz leicht irgend Jemand vertreten.

[1]) Loescher, Reformationsacten I, 224 ff.
[2]) Ebenda. S. 229. Tum sano merito ridebit nos Synodumque nostram mundus ille noster, ut qui sentiat solo vocabulo, solo apparatu, solo loco adversus se Synodum cogi, nec bellum sibi indicandum — — securus triumphabit et spolia auferet atque distribuet, hunc in luxum, illum in libidines, istum in avaritiae, alium in invidiae tyrannidem raptans et disperget in Assyrios ac in omnes Babyloniae confusionis terminos. Tum videbitur fructus simulatae et fictae Synodi, quod avertat Dominus. Dies kann nur von einem Concil gesagt sein. Geg. Knaake a. a. O.

von so gut wie unberührt blieb. Auch ist das Concilium Lateranense von der deutschen Nation wohl niemals als ökumenisches angesehen worden, jedenfalls hat man sich in den folgenden Wirren außer von Seiten Cajetans nie darauf berufen.

Als Luther mit seinen 95 Thesen gegen die falsche Auffassung vom Ablaß auftrat, glaubte er, wie bekannt, in keinem Widerspruche mit der Lehre der Kirche zu stehen. Die Bedeutung des Ablaß war eine offene Frage, über die man wohl schon im 15. Jahrhundert unter den Theologen vielfach disputirt hatte, ohne eine allgemeine anerkannte Auffassung herbeizuführen. So wurde, um nur einen Punkt zu erwähnen, die schon von Alexander von Hales[1]) und Thomas Aquinas[2]) und Bonaventura[3]) behauptete Ausdehnung des Ablaß zu Gunsten der Verstorbenen von Gerson[4]) durchaus geleugnet, während sie unter Andern von dem Vertreter der Universität Leipzig auf dem Basler Concil, Nicolaus Weigel, weitläufig erörtert und begründet wird.[5]) Gabriel Biel aber erklärt sich auf der einen Seite durchaus gegen Thomas und diese ganze Neuerung, auf der andern jedoch, wie er selbst angiebt, inzwischen belehrt durch die Declaratio Sixti IV. sucht er jene Auffassung durch historische und dogmatische Gründe zu beweisen.[6]) In jener Declaratio vom Jahre 1477 war nämlich gesagt worden: ipsam plenam indulgentiam pro animabus

---

[1]) Bei Amort, de origine progressu, valore ac fructu indulgentiarum etc. II, p. 302.

[2]) Ibid. Pars. II. S. 73.

[3]) Ebenda S. 303.

[4]) Possuntne indulgentiae acquiri pro mortuis? Repsonsio. Teneo qaod non. Quia indulgentiae ordinatae sunt pro his, qui submittunt se curiae misericordiae, quae hic est et durat usque ad mortem, non autem post mortem. Et sumuntur diee indulgentiae pro diebus poenitentiae injunctae. ebenda. S. 89.

[5]) Ebendas. S. 94 ff.

[6]) Nullibi appositae sunt conditiones, per quas extenderetur ad purgandos in purgatorio. (Lect. 56.)

Lect. 57 sic ait. In Lectione 66 dixi non constare de consuetudine illa Ecclesiae. Dum illa scripsi, nondum venerat ad manus meas declaratio D. Sixti Papae — — et hanc sententiam prodesse defunctis indulgentias per modum suffragii velut certam amplecti debere existimo. Ebend. S. 117.

in purgatorio existentibus per modum suffragii per nos fuisse concessam.[1]) Ebenso direkt oder indirekt die späteren Päpste in ihren Ablaßbullen, aber ein Concilsbeschluß über Werth und Wirkung des Ablaß war nicht vorhanden, und das Florentinum von 1439, dem die Frage nahe gelegen hatte, hatte sich begnügt ein paar dogmatische Formeln über das Bußsacrament aufzustellen, ohne die Ablaßtheorie zu berühren. Man konnte also als Gegner des Curialsystems diese ganze Lehre allerdings als disputabel ansehen. Anders wurde sie jedoch von den Römern aufgefaßt, denn der heilige Thomas hatte ja diejenige Theorie aufgestellt, aus der das Unwesen des damaligen Ablaßhandels sich entwickelt hatte.

Tetzel oder vielmehr Conrad Wimpina gebührt das Verdienst, zuerst einen weiteren Blick für die Tragweite der Lutherschen Sätze gehabt zu haben. Zweifelten dieselben auch die päpstliche Autorität direkt noch in keiner Weise an,[2]) so konnte doch der Widerspruch gegen offenbare päpstliche Einrichtungen nicht abgeleugnet werden, und dem mußte, so schlossen wenigstens die Gegner, eine schiefe Stellung zu Papst, Concil und Kirche überhaupt zu Grunde liegen. Daß man diese Anschauungen wirklich hegte, ergiebt sich aus den von Tetzel behufs Erlangung der Licentiaten- und Doctorwürde vertheidigten Thesen.[3]) Die ersten, ganz in der Manier der Scholastik gehalten und mit ihren Waffen ausgerüstet, bilden eine Entgegnung auf Luthers Ablaßtheorie, während die zweiten die Lehrautorität des Papstes und seine Stellung zu Concil und Schrift behandeln. Der Papst steht über der allgemeinen Kirche, über dem

---

[1]) Ebend. S. 292 ff.

[2]) Einzelne Sätze, die anders scheinen könnten, werden durch andere wieder vollständig paralysirt. So ist es von gar keiner Bedeutung, wenn er in Th. 25 wie Huß allen Clerikern gleiche Gewalt zuschreibt, nachdem er vorher (These 7) erklärt hat: Nulli prorsus remittit Deus culpam quin simul cum subjiciat humiliatum in omnibus Sacerdoti suo Vicario, was sich nur auf den Papst beziehen kann. Vgl. Löscher a. a. O. I. S. 438 f.

[3]) Wie geradezu komisch leichtfertig manche Tetzelschen Sätze (bei Löscher ebend. 504 ff.) sind, zeigt unter andern These 94 bezugnehmend auf Luthers 59. These: Thesaurum Ecclesiae fuisse pauperes Ecclesiae divi Laurentii tempore, error.

Concil; kein Sterblicher, auch eine allgemeine Kirchenversammlung nicht, kann die Wahrheit wie über jede Lehre so auch über den Ablaß ans Licht bringen, nur allein der Papst, qui est sponsus ecclesiae (Thes. 13 und 14). In dem, was den Glauben und das Heil betrifft, kann der Papst nicht irren (Th. 5), und falls der Papst wirklich in einer Glaubenslehre irrte (malam tenendo), so wäre dies doch unmöglich, wenn er als Papst eine Lehre definirte (in judicio de his, quae sunt fidei sententiando). Alle Observanzen (in materia fidei) sind für Wahrheiten der Kirche zu halten, so fern sie vom apostolischen Stuhle erklärt sind, wenn sie auch nicht in der Bibel oder in den Kirchenvätern zu finden sind (Th. 17. 18). Ein gewisser Zusammenhang in den beiden Thesenreihen und eine gewisse Absichtlichkeit in der Aufstellung gerade dieser Sätze läßt sich nicht verkennen. Sie waren nicht schlecht gewählt, je straffer man den Bogen spannte, je mehr man die päpstliche Autorität hervorhob, um so mehr konnte man erwarten, so viel war schon aus Luthers Auftreten zu ersehen, daß er sich dagegen erklären würde. Und Luther gilt seinen Gegnern, wie aus den zweiten Thesen hervorgeht, viel weniger darum als Ketzer, weil er eine andere Meinung vom Ablaß hat, als die curialistische, sondern weil er es wagte, überhaupt eine Meinung zu haben, wo er doch nach jenen Infallibilisten durchaus keine haben durfte. Und konnte es um dieses Verhältniß klar zu legen, herausfordernde Behauptungen geben als die obigen?

Fast noch weiter geht Sylvester Prierias in seiner Gegenschrift gegen Luther. Voll scholastischer Sophistik, jeglicher Wissenschaftlichkeit baar, hat diese breittägige Arbeit den einen Vorzug, deutlich zu zeigen, wie weit der Kirchenbegriff des Curialismus im Gegensatz zu den Anschauungen der großen Concilien sich entwickelt hatte, ohne daß man ernstlich daran gedacht hatte, dagegen zu protestiren. Seinem Dialogus[1]) schickt Sylvester vier Fundamentalsätze voran, die eigentlich schon Alles sagen, was er von seinem Standpunkte aus zu sagen hatte: Die allgemeine Kirche ist virtuell die römische. Sie wird repräsentirt durch das Collegium der Cardinäle, ist aber virtuell im Papst enthalten, der das Haupt der Kirche ist. Wie

---

[1]) Bei Löscher II. p. 12 ff.

die gesammte Kirche ihrem Wesen nach nicht irren kann in Glaubensbestimmungen, so kann auch ein wahrhaftes Concil nicht irren, so lange es (incluso capite) die Erforschung der Wahrheit sich angelegen sein läßt; ebenso der Papst, wenn er das Bestreben hat die Wahrheit ans Licht zu bringen. Wer nicht auf der Lehre der römischen Kirche und des Papstes und der unfehlbaren Regula fidei steht, von der sogar die heilige Schrift ihre Kraft und ihr Ansehn erhält, ist ein Ketzer.[1]

Diese Sätze hatten zunächst nicht den beabsichtigten Erfolg, Luther entweder zur Unterwerfung zu zwingen, oder ihn desto sicherer zu vernichten. Die Tetzelschen Thesen, die er wohl erst später als die Arbeit des Prierias[2]) erhielt, beachtete er gar nicht, und den Dialog, vor dem er sich in Rücksicht auf die hohe Stellung des Autors zuerst gefürchtet hatte, legte er mit Verachtung aus der Hand, ja er war geneigt die Schrift für unecht zu halten, weil sie ihm zu viel Ungereimtes und Neues enthielt. Die Frage von der Gewalt des Papstes als solcher (abgesehen von ihrer Beziehung zum Ablaß) hatte er sich kaum schon vorgelegt. Jedenfalls war er noch weit davon entfernt den Zusammenhang der gegnerischen Einwürfe gegen seine Ablaßtheorie mit ihrer curialistischen Anschauung einzusehen. Unbeirrt davon[3]) arbeitete er an seiner Erklärung der Thesen, die unterbrochen durch seine Heidelberger

---

[1]) S. Löscher a. a. O. Seite 15. Quicunque non innititur doctrinae Romane Ecclesiae ac Romani Pontificis, tanquam Regulae fidei infallibili, a qua etiam sacra Scriptura robur trahit et autoritatem, haereticus est, und weiter unten Qui circa indulgentias dicit, Ecclesiam Romanam non posse favere id quod de facto facit, haereticus est. Vgl. auch S. 38.

[2]) Den Dialog erhielt er wohl in den ersten Tagen des Januars 1518, vgl. den Brief an Spalatin vom 7. Januar. Die Thesen Tetzels scheint er erst Mitte März in die Hände bekommen zu haben, vgl. den Brief an Lange vom 21. März bei De Wette I, S. 97, wo er von der Verbrennung derselben durch die Studenten erzählt. Siehe auch Koestlin, Luther I, 175.

[3]) Indirekt finden wir jedoch in den Resolutionen manche Rücksichtnahme, vgl. u. a. Concl. III. mit den Tetzelschen Deductionen.

Reise erst Ende Juli (oder Anfang August) fertig gedruckt vorliegt. Schon am 22. resp. 30. Mai schickte er das Manuscript[1]) an seinen Vorgesetzten, den Bischof Scultetus von Brandenburg, und durch Staupitz an Papst Leo X. Dem Ersteren setzt er auseinander, wie er in Betreff der von den Ablaßkrämern aufgestellten, bisher unerhörten Ablaßtheorie vielfach um seine Meinung gefragt worden sei. Vergebens habe er ihre Begründung in der Schrift, den Kanones und den Kirchenvätern gesucht, und habe es darum für seine Pflicht halten müssen (obwohl es gefährlich sei in der Kirche zu reden), zu seiner und Anderer Belehrung über diese Frage zu disputiren[2]) bis die Kirche entschieden haben werde, was zu glauben sei. Das Recht dazu liege auf der Hand und die Ansicht derer sei verwerflich, die da meinen, man dürfe über die päpstliche und kirchliche Autorität und Gewalt nicht streiten,[3]) während sie nicht anständen, über die Weisheit und Macht dessen zu streiten, der der Kirche diese Macht gegeben hat. Es sei im höchsten Grade wünschenswerth sich über diese Frage klar zu werden, denn man wäre bisher nicht im Stande gewesen, den Häretikern darüber Rechenschaft zu geben, und wie es dem Sprichworte nach schon für einen Juristen eine Schande sei, sine textu loqui, um so mehr für einen Theologen. Er übersendet dem Bischof als seiner

---

[1]) Köstlin a. a. O. meint: „wohl die Anfänge des Gedruckten" habe Luther an Skultetus geschickt, aber dies würde wenig Zweck gehabt haben und wäre Leo gegenüber etwas formlos. Wernicke, Luther und der Bischof von Brandenburg 1870 S. 15 ff., nimmt wunderbarer Weise an, daß, wenn Luther noch im August von verzögertem Drucke spräche, dies von einem zweiten Abdruck zu verstehen sei. Den Brief an Skultetus läßt er schon vor der Verhandlung mit dem Abgesandten des Bischofs, dem Abte von Lehnin (vgl. De W. S. 71; Köstlin I. 177), also Anfang November 1517 (!!) concipirt sein, weil Luther in diesem Schreiben gar keinen Bezug darauf nehme.

[2]) Vorreiter a. a. O. S. 304 von seiner vorgefaßten Meinung aus: „Nennt er sie disputabel, so ist ihm die Möglichkeit, widerlegt zu werden, eine willkürliche Abstraction."

[3]) Dieser Passus bezieht sich wohl auf die Fundamente des Sylvester; vgl. oben.

zuständigen Behörde seine Schrift und unterwirft sie durchaus seinem Urtheile, stellt es ihm anheim, beliebig daran zu tilgen, oder sie auch ganz zu verbrennen, da ihm nichts daran gelegen sei.[1])

Luther steht hiernach in seinem Bewußtsein noch vollständig in der alten Kirche und ihren Anschauungen. Er wagt über den Ablaß zu disputiren, weil er die bisherige Lehre davon nur für eine Schulmeinung hält. Gäbe es einen Kanon darüber, so würde er sich bescheiden. Die Kirche ist ihm noch unbedingte Trägerin der Wahrheit. Ihrem Urtheil unterwirft er sich. Doch was meint er hier mit ecclesia? Man könnte bei der Devotion gegen seinen Bischof, besonders wenn man eine Aeußerung aus einer Predigt vom Jahre 1516 damit vergleicht,[2]) wo er die Bischöfe das Licht des Leibes nennt, versucht sein, anzunehmen, daß er den Episcopat damit meine. Indessen hat Luther wohl niemals die Kirche als im Episcopat enthalten angesehen und scheint damals noch wenig oder gar nicht über den Begriff der Kirche reflectirt zu haben. Er hat demnach wohl das Wort ecclesia ganz allgemein gebraucht ohne irgend welche begriffliche Fassung, wenigstens läßt sich nichts Bestimmtes für eine gegentheilige Auffassung anführen. Es kommt ihm auch noch gar nicht in Wirklichkeit darauf an, eine Entscheidung in Kürze herbeizuführen, sondern, wie wir bald sehen werden, erscheint ihm die Sache bei Weitem nicht spruchreif; es gilt vielmehr durch gelehrte Controversen erst das nöthige Material zu ermitteln. In wie weit es übrigens Luther mit der vollständigen Unterwerfung unter seinen Bischof Ernst gewesen ist[3]) läßt sich mit Bestimmtheit

---

[1]) De W. 112 f.
[2]) Löscher a. a. O. I. p. 757.
[3]) Die Erlaubniß des Bischofs, seine Resolutionen herauszugeben, hat er allerdings (in einem uns verloren gegangenen Schreiben) nachgesucht. Vgl. d. Brief vom 5. März 1518 an Christian Scheurl, De W. S. 96: Ita probationes earum coactus sum parare, quas tamen nondum licuit edere, quia reverendus et gratiosus dominus episcopus Brandenburgensis cujus judicium consului (!) in hac re multum impeditus diu me retardat. Endlich scheint er sie doch nicht abgewartet zu haben. Auch hatte er wohl nur deßhalb angefragt, weil er dem Bischof durch den Abt von Lehnin versprochen hatte, die Veröffentlichung aufzuschieben. Zuweitgehend Pland, Geschichte der Entstehung &c. I. S. 127 ff.

nicht klarlegen. Wichtig hierfür würde die Antwort des Bischofs sein, die wir leider nicht kennen. Im Allgemeinen wird aber von diesem Briefe dasselbe gelten, was wir sogleich von dem an Leo gerichteten zu sagen haben werden.

Mit der größten Offenheit und der Ruhe eines guten Gewissens erklärt Luther auch dem Papste, wie es gekommen sei, daß er, der ungelehrte, aller Bildung baare Mann es gewagt habe, aus seinem Winkel in die Oeffentlichkeit zu treten. Am Schlusse wirft er sich dem Papste zu Füßen und ersucht ihn mit ihm zu machen, was er wolle, in seinem Ausspruche werde er den Ausspruch Christi anerkennen; habe er es verdient zu sterben, so sei er gerne dazu bereit.[1]) Man glaubt hier den strengsten Curialisten, ja Infallibilisten zu hören, und dieser Brief hat darum mancher Mißdeutung unterlegen. Man hat gemeint,[2]) daß Luther eine mißbilligende Antwort vom Brandenburger Bischof erhalten habe und darum vor Schreck so geschrieben habe. Aber den Eindruck außerordentlicher Erregung macht der Brief an Leo durchaus nicht, und auch sonst finden wir für diese Annahme keinerlei Anhaltepunkte.

So viel steht freilich fest und ist nicht zu verkennen, daß die Haltung dieses Briefes der in den Resolutionen oft diametral entgegengesetzt ist; aber erklären läßt sich dies wohl, besonders wenn man Luthers ganzen Charakter dabei mit berücksichtigt. Im Vollbewußtsein seiner guten Sache konnte Luther nicht anders, als die bestimmte Hoffnung haben, daß der Papst ihm beistimmen würde, wie das Bewußtsein der Wahrheit noch immer die bestimmte Hoffnung der Ueberzeugungskraft gehabt hat. In dieser Hoffnung darf er sich dem Papst mit Leib und Seele unterwerfen, — und er hält es, so dürfen wir der ganzen Fassung des Briefes nach hinzusetzen, auch für das Klügste es zu thun, — darf er versprechen in dem Ausspruche des Papstes Christi Stimme zu hören, weil er

---

[1]) Vivifica, occide, voca, revoca, approba, reproba ut placuerit. Vocem tuam vocem Christi in te praecidentis et loquentis agnoscam De W. I, 122.

[2]) So schon Löscher S. 128; ähnlich Wernicke, a. a. O. S. 17, unrichtig Vorreiter a. a. O. S. 308.

sich darauf verläßt, daß Christus in ihm sprechen wird. Schon hier zeigt sich jene eigenthümliche Mischung von Gottvertrauen und Selbstbewußtsein, die zu einem Charakteristicum Luthers geworden ist. Er ist sich übrigens der Wichtigkeit des Briefes an Leo ohne Zweifel bewußt, und wenn man den ganzen Tenor der Resolutionen mit dieser merkwürdigen Dedicationsepistel vergleicht, so könnte man meinen, er habe mit ihr Manches wieder gut machen wollen.

Unsere Auffassung wird auch durch das gleichzeitige Schreiben an Staupitz bestätigt, das wir unter die schönsten Lutherbriefe rechnen möchten. Hatte er dem Papst den äußern Verlauf der Dinge auseinandergesetzt, so läßt er den Freund ins Innere schauen und recapitulirt seine ganze bisherige Entwicklung. Er kommt auch zu dem Schlusse, Christus möge seine Sache entweder verwerfen oder als die seinige anerkennen, er erwartet ihn als Richter, der durch den päpstlichen Stuhl sprechen wird, denn er leitet ja das Herz des Papstes wie der Könige: — aber so unbedingt spricht sich sein Vertrauen hier nicht aus, er denkt doch auch an die Möglichkeit, daß das Urtheil gegen ihn ausfiele. Und wenn dies geschähe, wenn man ihm den müden, gebrechlichen Leib nähme, so würde man ihn vielleicht um ein oder zwei Stunden seines Lebens ärmer machen, aber ihm genügt sein Erlöser, was doch wohl nicht heißen soll, der ihn als reuigen Sünder, wenn er seinen Irrthum bekannt, wieder zu Gnaden annehmen wird, sondern der auch gegen das Urtheil des Papstes sein Heiland bleibt.[1] — Man sieht, noch liegt manches Widersprechende neben einander, doch das ist die Signatur von Luthers Wesen in dieser Zeit.

Den Resolutionen selbst schickt Luther eine Protestation voraus, in der er ähnlich wie Prierias seinen Standpunkt klarlegt. Er will nichts lehren oder behaupten, was nicht in und aus der heiligen Schrift, den von der römischen Kirche recipirten Kirchenvätern, Kanones und Decretalen gebilligt werden kann. Ohne besondere Betonung des Einen oder Andern werden diese Autoritäten neben

---

[1] Sufficit mihi dulcis redemtor et propitiator Dominus meus Jesus Christus, cui cantabo, quamdiu fuero. Si quis autem noluerit cantare mecum, quid ad me? ululet si libet. De W. I. S. 118.

einander gestellt.¹) Dagegen behält er sich vor, die opiniones B. Thomae, Bonaventurae aut aliorum Scholasticorum vel Canonistarum nach seinem Gutbünken zu behandeln nach dem Paulinischen Worte: Prüfet Alles ꝛc. Hierauf kommt er sehr häufig in der umfangreichen Arbeit zurück, deren dogmatischen Gehalt zu erörtern hier nicht unsere Sache ist.

Wenn man die Resolutionen hintereinander durchliest, kann man sich des Eindrucks nicht erwehren, daß die Anschauung Luthers sich keineswegs gleich bleibt. Er ist sich über so manche Frage, die er behandelt, selbst noch nicht klar und seine Erkenntniß wächst während des Schreibens; man vergleiche, um nur einen Punkt anzuführen, die Entwicklungen über das Fegefeuer. Während er einmal (Concl. 15) die Thatsächlichkeit des Fegefeuers als seine vollste Ueberzeugung ausspricht, führt er weiter unten (Concl. 18) eine ganze Anzahl überzeugender Gründe gegen dasselbe an.²) Ebenso müssen wir sagen, daß er gegen Ende der Schrift in seinen Aussprüchen über Papst und Concil freier auftritt, als es am Anfang wohl seine Ansicht und Absicht war. Er wiederholt zunächst mehrfach die schon in den Briefen ausgesprochene Behauptung, daß er nur über Dinge disputire, über die die Kirche noch nichts beschlossen habe.³) Die weit verbreiteten irrthümlichen Ansichten über den Werth des Ablasses haben allerdings die Autorität eines Thomas und Bonaventura für sich, doch haben nicht diese sondern ein Concil über einen neuen Glaubensartikel zu entscheiden.⁴) Der Bestimmung der Kirche verspricht er sich unbedingt zu unterwerfen⁵) und die Ent-

---

¹) Man sieht, wie falsch es ist, das sogenannte Schriftprincip zu sehr zu urgiren; es ist vielmehr im letzten Grunde die Subjectivität das Entscheidende, wenn auch zugegeben werden muß, daß sie in der Schrift wurzelt. Doch ist ja bekannt, wie Luthers christliches Bewußtsein sich oft über die Schrift gestellt hat.

²) So schon Löscher a. a. O.

³) Bei Löscher II. p. 257.

⁴) Concl. 20 ebenda. p. 231.

⁵) Ebend. p. 237: ego dubito et disputo an habeant potestatem jurisdictionis in purgatorium. Et quantum hucusque lego et video, teneo negativam paratus tenere affirmativam, postquam Ecclesiae sic placuerit.

scheidung derartiger wichtiger Fragen ist im Zusammenhange mit einer allgemeinen Reformation der Kirche ein tiefgefühltes Bedürfniß. Dies ist jedoch nicht Sache des Papstes, noch der „vielen Cardinäle", sondern die Aufgabe des ganzen Erdkreises und vor Allem Gottes.[1]) Aber das ist eben der Jammer, daß, trotzdem es so viele und so gelehrte und fromme Männer giebt, diese der Kirche nicht zu helfen vermögen. Das hat der unglückliche Ausgang des Concils unter Julius II. gezeigt, das doch zum Zweck der Reformation berufen war.[2]) Nicht Leo ist daran Schuld, sondern das liegt an der allgemeinen Bosheit der Zeit. Jenen hält Luther vielmehr würdig unter andern glücklichen Verhältnissen, in einem andern Jahrhundert zu leben. Doch kann der Papst allein sehr wenig helfen; auch er ist ja dem Irrthum unterworfen, darum ist es gleichgültig was ein Papst sagt[3]), denn er hat kein Recht, neue Glaubensartikel aufzustellen, das ist Sache des Concils. Darum besitzt auch die Bestimmung Sixtus IV. über den Ablaß keine

[1]) p. 301. Concl. 89. Quod non est unius hominis pontificis nec multorum Cardinalium officium sicut probavit utrumque novissimum Concilium, sed totius orbis imo solius Dei. Tempus autem hujus reformationis novit solus ille, qui condidit tempora.

[2]) Nach Löscher hat auch Köstlin a. a. O. S. 201 das verunglückte Pisanum von 1511 darunter verstanden, indessen ist hier nach dem ganzen Zusammenhange nur das Lateranconcil gemeint, denn Luther fährt fort: sunt et alii passim quos novi optimi et eruditi Pontifices, sed exemplum paucorum imponit silentium plurimis. Also das Schweigen der Bischöfe über die Reformation hat diese selbst unmöglich gemacht, es ist der Grund, weßhalb so viele fromme Männer nicht dafür eintreten. Das paßt doch nur auf das Lateranconcil, denn in Pisa hat man doch ziemlich deutlich nach einer Reformation gerufen. Daß Luther jedenfalls beide Versammlungen verwarf, zeigt das vorige Citat.

[3]) Me nihil movet quid placeat vel displiceat summo Pontifici, homo est sicut et caeteri; multi fuerunt summi Pontifices, quibus non solum errores et vitia sed etiam portenta placuerunt. Ego audio Papam ut Papam, id est ut in Canonibus loquitur et secundum Canones loquitur, aut cum Concilio determinat, non autem, quando secundum suum caput loquitur. p. 247. Vgl. diesen Ausspruch mit dem Schluß der Dedicationsepistel oben S. 23. Welche Verschiedenheit!

zwingende Autorität.¹) Auch wenn der Papst mit einem großen
Theile der Kirche eine Ansicht verträte, so würde es noch keine
Sünde oder Häresie sein, ihm zu widersprechen, bis ein Concil die
eine Ansicht approbirt, die andere verworfen habe. Ganz besonders
wird das Letztere in etwas sophistischer Weise betont und am Beispiel von der unbefleckten Empfängniß erwiesen. Die Römische
Kirche sogar in Gemeinschaft mit dem allgemeinen Concil von Basel
und auch fast die ganze (griechische?) Kirche ist der Ansicht, daß
die heilige Jungfrau ohne Sünden empfangen worden sei, aber da
das Gegentheil noch nicht verdammt sei, sind die Anhänger desselben keine Häretiker.²)

Das Concil gilt also Luther durchgehends im Gegensatz zum
Papst als höchstes Glaubenstribunal, — doch auch hier schon
unter gewissen Voraussetzungen. Denn obwohl er in den Resolutionen noch nicht die Irrthumsfähigkeit eines legitimen Concils behauptet, so streifen doch einige Sätze schon sehr nahe daran. So
sagt er³) z. B.: das meritum Christi ist nicht der thesaurus indulgentiarum, denn dies kann durch keine Schrift und Vernunftgründe
bewiesen werden. Einen unbegründeten theologischen Satz aufstellen
heißt aber nichts Anderes, als die Kirche zum Gespött der Feinde
und Häretiker machen. Denn wir sollen nach dem Apostel Petrus
(1. Petr. 3, 15) Rechenschaft geben können von unserm Glauben
und unserer Hoffnung. In diesem Falle fehlt aber jegliche Autori-

---

¹) Cum solius Papae non sit novos fidei statuere articulos, sed
secundum statutos judicare et descindere quaestiones fidei. Hic autem
erit articulus novus, ideo ad universale Concilium pertinebit ejus deter-
minatio. Er spricht von der unbefleckten Empfängniß.

²) Quod ne multis agam illo unico probatur, quod Ecclesia Romana
etiam cum Concilio universali Basiliensi ac tota ferme Ecclesia sentit
B. Virginem sine peccato conceptam et tamen, quia altera pars non est
reprobata, non sunt haeretici qui contrarium sapiunt. Löscher II. S.
249. Wenn hier das Concil nicht ohne Weiteres als Repräsentation der
Römischen Kirche gefaßt wird, sondern seine Uebereinstimmung mit derselben noch besonders erwähnt wird, so kann dies nur unter besonderer Be-
rücksichtigung der speciellen Verhältnisse auf dem Basler Concil gesagt sein.

³) Löscher II. S. 279.

tät, so daß, auch wenn die Ecclesia Romana der Lehre zustimmte, dieselbe Gefahr bliebe, nämlich daß wir keinen andern Grund angeben könnten, als daß eben der Papst und die Römische Kirche es so beschlossen hätten. Doch was würde diese Begründung ausrichten denen gegenüber, welche die Römische Kirche nicht anerkennen wie die „Pickarden". Diese würden nicht nach dem Willen des Papstes und der Römischen Kirche, sondern nach der Autorität und den beweisenden Gründen fragen.[1]) Unter der Römischen Kirche kann, da die Pickarden den Gegensatz bilden, doch wohl nur gemeint sein, Alles was den Römischen Papst anerkennt; demnach würde ein placitum Ecclesiae Romanae et papae einem Concilsbeschluß ziemlich gleich kommen[2]) — und einen solchen wünschte doch Luther. Wenn nun aber ein Concilsbeschluß zu Stande käme, der keine Schrift und Vernunftgründe für sich hätte: — Luther sagt nicht, daß er sich einem solchen nicht unterwerfen würde, aber läßt durchblicken, daß er zweck- und werthlos sei, da er ja die Gegner, worauf es eben ankäme, nicht zu überzeugen vermöchte. Begrifflich klar ist sich Luther über diese Frage jedenfalls noch nicht, und wenn wir, wie seine Gegner thaten, aus obigen Sätzen schließen müssen, daß nach seiner Ansicht einem Concilsbeschluß nicht qua solchem, sondern nur insofern er sich durch Gründe erweisen läßt, Infallibilität zukommt, wodurch doch diese überhaupt geleugnet wird, so ist dies zwar richtig, aber Luther hat diese Schlüsse noch nicht gezogen. Er hat noch keine Ahnung davon, wie weit er sich von dem curialistischen Kirchenbegriff entfernt hat.

Was die Zusammensetzung eines legitimen Concils betrifft, so können wir auf eine schon oben angeführte Stelle recurriren. Wenn Luther sagt, daß die Reformation, die sich durch das Concil zu vollziehen hat, Sache der ganzen Welt ist, nicht etwa der vielen Cardinäle,[3]) da es ja allenthalben tüchtige und unterrichtete Priester giebt, so sind eben nur diese als im Concil anwesend gedacht. Von

---

[1]) Et certe est mihi vel unicus scopus in ista materia tota setzt Luther hinzu. Löscher a. a. O. p. 279.

[2]) Davon daß in einem wahrhaft allgemeinen Concil auch die griechische Kirche repräsentirt sein müsse, ist hier noch nicht die Rede.

[3]) Gegen Sylvester Löscher p. 301.

der Forderung, das Laienelement heranzuziehen, ist in den Resolutionen noch nichts zu spüren. Noch ist ihm die Kirche hauptsächlich Priesterkirche.

Durch die Eck'schen Obelisken, denen Luther seine Asterisken[1]) entgegen setzte, wurde er dahin geführt, bei der Frage um den Schatz der guten Werke eine reguläre Extravagante zu verwerfen. Es war allerdings nicht abzuleugnen, daß Papst Clemens VI. (1342—52) erklärt hatte, daß im Ablaß das Verdienst Christi mitgetheilt werde[2]), aber dies ändere nichts in der Sache, meint Luther, denn kein Concil habe diese Lehre approbirt.[3]) Darauf kommt er auch in der gleichzeitigen Schrift gegen Tetzel „Freiheit des Sermons" zurück, wo er einmal sagt, die Väter haben nicht mehr können reden denn Opinien, sintemal nicht bei ihnen, sondern bei gemeinem Concilio die Gewalt ist, schließlich die Wahrheit zu erklären, die ohne Schrift geredet wird.[4])

Unterdessen hatte der päpstliche Stuhl Luthers Sache in die Hand genommen und man hatte in hergebrachter Weise begonnen, ihm den Ketzerproceß zu machen, wobei man sich nicht gescheut

---

[1]) Vgl. die Asterisken bei Löscher II, 333.

[2]) Vgl. die Bulle Unigenitus vom 27. Jan. 1343 (Extravagg. comm. L. V. Tit. 9 c. 2): Jesus Christus thesaurum militanti ecclesiae acquisivit, volens suis thesaurizare filiis pius pater, ut sic sit infinitus thesaurus hominibus, quo qui usi sunt Dei amicitiae participes sunt effecti. Quem quidem thesaurum non in sudario repositum, non in agro absconditum sed per S. Petrum coeli clavigerum ejusque successores suos in formis vicarios commisit fidelibus salubriter dispensandum et propriis rationabilibus caussis nunc pro totali nunc pro partiali remissione poenae temporalis pro peccatis debitae tam generaliter, quam specialiter, prout cum deo expedire cognoscerent vere poenitentibus et confessis misericorditer applicandum. Bei Richter Bd. 5. Sp. 1218. In derselben Bulle hatte Clemens den Engeln befohlen, die Seelen derer, die auf der Wallfahrt nach Rom stürben, aus dem Fegefeuer in den Himmel zu tragen 2c., was schon Hus rügt (Hist. et docum. Joh. Hus. Norimb. 1715. de eccl. p. 272 ff.)

[3]) Aliud est Papam narrare, aliud statuere, imo longe aliud Papam statuere et Concilium appobare. Löscher II, 364.

[4]) Löscher I. 527. Darum wenn es die Kirche beschleußt, so will ich glauben, daß das Ablaß Seelen erlöse. p. 534.

hatte unter seine Richter einen Mann zu berufen, der Luther schon öffentlich verurtheilt hatte, Sylvester Prierias.¹) Ohne sich dadurch einschüchtern zu lassen, schrieb Luther gerade jetzt, nachdem er so lange auf das „Römische Geschrei" geschwiegen hatte, seine Responsio ad Dialogum Sylvestri Prieriae²). Es war gewissermaßen die Antwort auf die Citation nach Rom und an Deutlichkeit ließ sie nichts vermissen. Hatte Luther eine Besprechung des Kirchenbegriffs bisher möglichst vermieden und nur nothgedrungen darauf bezügliche Aeußerungen gethan, die sich doch immer noch mit den hergebrachten Ansichten vereinigen ließen, so erklärt er jetzt einem Richter gegenüber, von dessen Parteilichkeit nichts zu hoffen war, offen und frei seinen Standpunkt. Prierias hatte in seinen Fundamenten die Kirche virtuell im Papste, repraesentative im Collegium der Cardinäle gefunden, dem gegenüber schreibt Luther, daß er die Kirche virtuell nur in Christo, ihrer Repräsentation nach nur im Concil kenne.³) Hiermit wurde das jus divinum der stolzen Römischen Hierarchie schon verworfen und der Keim zu einem ganz neuen Kirchenbegriff gelegt. Doch will Luther damit durchaus nicht der Römischen Kirche den Gehorsam aufkündigen, er spricht es vielmehr auch hier aus, daß er nur bis zu einer Concilsentscheidung, auf die er harre, disputire.⁴) Wenn er bis dahin widerspreche, so könne er nicht als Ketzer geachtet werden, da es sich ja nur um eine „Opinion" handele. Denn jede Wahrheit, die noch nicht (kirchlich) definirt ist, ist solange Ansichtssache.⁵) Indessen genügt, um eine Lehre zu approbiren (wir

¹) Näheres bei Köstlin a. a. O. I. 204 ff.¹

²) Löscher II. 390 ff. Daß Luther erst jetzt in den Besitz des Dialogs gekommen war, ist mir auch nach Knaake's Ausführung (a. a. O. S. 336) nicht wahrscheinlich.

³) Ego ecclesiam virtualiter non scio nisi in Christo, repraesentative non nisi in Concilio. Alioqui si, quicquid facit Ecclesia virtualis id est Papa, factum ecclesiae dicitur, obsecro, quanta momenta in ecclesia pro benefactis numerabimus. Nonne Julii secundi horrendas Christiani sanguinis effusiones? Nonne Bonifacii Octavi Tyrannidis in toto orbe abominabiles et per omnes Chronicas pulsatas? de quo extat proverbium: Intravit vulpes, regnavit ut leo, mortuus est ut canis. Löscher II, 401.

⁴) Expectamus uterque in hac re sententiam et determinationem Ecclesiae seu Concilii p. 410 p. 421. adhuc disputo exspectans Concilii determinationem p. 428.

⁵) Ebend. p. 402 u. 399.

erinnern uns hierbei jenes Satzes aus den Resolutionen von dem Werth eines Concilsausspruchs gegenüber den Ketzern), nicht das bloße factum ecclesiae, denn sowohl Papst als Concil kann irren.¹) Das ist der weitgehendste Fortschritt in Luthers Anschauung innerhalb der besagten Schrift. In den Resolutionen hatte er einen so klaren Ausspruch darüber noch vermieden, den er jetzt durch Prierias genöthigt ohne Scheu wagt. Und es gab ja bedeutende Autoritäten dafür. Luther beruft²) sich auf den angesehenen Canonisten Nicolaus de Tudesco († 1445), der nach Peter d'Ailli diese Anschauung³) vertreten hatte. Sie legten die Irrthumslosigkeit eben nur der allgemeinen Kirche bei. Beide Männer waren darum nicht verdammt worden, aber sie standen ohne Zweifel vereinzelt da, augenblicklich jedenfalls im Widerspruch mit allen Canonisten und Theologen. Indessen hatten sie dies ja nur in thesi behauptet und hatten nicht daran gedacht, ein wirklich stattgehabtes Concil des Irrthums zu zeihen. Und auch Luther fährt nicht etwa fort, wie man vielleicht erwarten könnte „und die Concilien haben geirrt," sondern er ist im Gegentheil davon fest überzeugt, daß dies nie geschehen sei. Er dankt Gott dafür, daß er die Kirche bewahrt und beschützt habe, daß sie vom rechten Glauben durch kein einziges Decret abgewichen sei.⁴) Und wenn auch die Repräsentation der Kirche dem Irrthum unterworfen ist, soviel steht ja fest, wie auch Peter d'Ailli nachgewiesen hat: die allgemeine Kirche kann nicht irren.⁵) Was soll es nun aber heißen, wenn Luther ein entscheidendes Concil erwartet und ihm doch die Möglichkeit eines Irrthums vindicirt? Wenn nun das Concil gegen ihn entschiede, war da sein Spruch noch für ihn verbindlich? Konnte das Concil irren, so konnte es ja auch in diesem Falle fehl gehn. Hat nun Luther

¹) Vgl. die irrige Ansicht von Frank, Geschichte der protestantischen Theologie, Leipzig 1862 Th. I. § 9. S. 17.

²) Tam Papa, quam Concilium potest errare, ut habes Panormitanum egregie haec tractantem.

³) Vgl. oben S. 5.

⁴) Löscher II. p. 407.

⁵) Universalis autem Ecclesia non potest errare ut doctissime etiam probat Card. Camer. in primo Sent. Löscher II. 432.

nur scheinbar einen Concilsausspruch angerufen, um sich im Falle seiner Verdammung auf das doch sehr problematische Urtheil der gesammten Kirche, die nicht irren kann, zu berufen.[1]) Man hat das wohl angenommen, aber eine solche Spiegelfechterei liegt nicht in Luthers Wesen (das Urtheil der gesammten Kirche außerhalb einer dieselbe repräsentirenden Versammlung ist doch zum mindesten eine Illusion), dazu lauten seine Betheuerungen in Betreff seiner Unterwürfigkeit zu bestimmt. Wir müssen vielmehr sagen, daß er, wie er von der thatsächlichen Irrthumslosigkeit der bisherigen Concile überzeugt war, so auch bestimmtest hoffte, daß auch das über ihn urtheilende Concil die Wahrheit finden würde, etwa wie jemand getrost den Richter anruft und mit Bestimmtheit Recht zu erhalten erwartet, ohne demselben irgend wie eine Infallibilität zuzuschreiben. Freilich — erst jüngst hatten ihn seine Hoffnungen auf Leo getäuscht — wenn der kaum denkbare Fall eintrete, daß man ihn ohne genügende Schrift und Vernunftsgründe verurtheilte, dann hatte das Concil geirrt, und seine Hoffnung würde auf der allgemeinen Kirche stehn. Dieser Gedanke war wohl schon in jenen Sätzen, aber an eine Annahme geknüpft, die Luther noch für so unwahrscheinlich hielt, daß keine Nöthigung vorlag, ihn weiter auszudenken. Gelegentlich mag er wohl von Neuem beunruhigend aufgetreten sein; so scheint er mit bestimmend gewesen zu sein für die Veröffentlichung des „Sermons vom Bann," welcher Ende August 1518 herauskam.[2]) Die hier aufgestellten Sätze brechen mit allen kirchlichen

[1]) Daß man hier an die Forderung einer Zustimmung der gesammten Kirche (?!) zu den Concilsaussprüchen zu denken habe, wie heute die sogenannten Altkatholiken sie verlangen, (Koestlin, a. a. O. 1. S. 207 f.) ist wohl nicht anzunehmen. Wenn die Theologen und Kanonisten des 15ten Jahrhunderts von einer Irrthumslosigkeit der allgemeinen Kirche sprechen, so halten sie dieselbe schon für gesichert, wenn der wahre Glaube auch nur in einem Gliede der Kirche bliebe, wie — das gewöhnliche Beispiel — in Maria während des Leidens Christi. So wird auch Luther die Sache aufgefaßt haben.

[2]) Bei Löscher II. p. 377 ff. Erl. A. 18, 298 ff. Luther giebt in den gleichzeitigen Briefen (bei De W. I. 134. 137 f.) an, daß er zu diesem Sermon dadurch veranlaßt worden sei, daß man seinen Beichtkindern wegen ihrer Verachtung der Ablaßzettel so häufig mit dem Bann gedroht

Traditionen über diese höchste Gewalt der Kirche. Da Christus ganz allein im Menschen das Heil, den Glauben und die Liebe wirkt, so kann die Kirche durch die Excommunication das Heil auch nicht absprechen. Der Bann kann sich demnach nur auf die äußerliche kirchliche Gemeinschaft erstrecken, ohne den Christen der geistlichen Güter berauben zu können. Ein Verlust dieser geistlichen Güter tritt nur dann ein, wenn der Gebannte sich derselben schon vorher selbst begeben hat, wenn er dem geistlichen Tode durch die Sünde verfallen ist.[1]) Wenn also Jemand um einer gerechten Sache willen gebannt ist, so ist er nicht verdammt, sondern selig.

Die Kirche ist demnach nicht mehr die alleinige Vermittlerin der Seligkeit, der Satz extra ecclesiam nulla salus hatte für Luther keine Bedeutung mehr, ja er mußte zugeben, daß das Heil in gewissen Fällen ganz bestimmt außerhalb der kirchlichen Gemeinschaft zu suchen sei; nur das subjective Verhältniß zu Christo entscheidet über Seligkeit oder Verdammniß. Was war die Kirche dann überhaupt noch?

Wie tief der Riß schon war, sollten die Verhandlungen des Cardinal Cajetan mit Luther zeigen, die auf Veranlassung Friedrichs von Sachsen am Schluß des Reichstags zu Augsburg vorgenommen wurden[2]). Jacobus de Vio aus Gaeta, oder wie er sich später

---

habe, indessen werden wir nicht irre gehn, wenn wir annehmen, daß Luther im Bewußtsein oder doch wenigstens in der Ahnung, daß die bevorstehende Entscheidung Roms nun nicht mehr zu seinen Gunsten ausfallen würde, auch um seiner selbst willen sich über diese Frage Klarheit zu verschaffen suchte. Die Predigt über den Bann war zwar schon am 15ten Juli gehalten worden, die lateinische Ueberarbeitung aber erst herausgegeben worden, als die Citation nach Rom schon in Luthers Hände gekommen war.

[1]) Ganz ähnlich von seinem Kirchenbegriff aus Joh. Hus de ecclesia a. a. O. S. 310: Nunquam aliquis separatur a communione Sanctorum, quae est participatio gratiae Dei, et Sacramentorum et suffragiorum ad vitam praeparantium, nisi per peccatum mortale, quod solum dividit vel separat hominem a communione hujus modi, sicut separat ab ipso Deo.

[2]) Das Einzelne bei Köstlin I. 205 ff.

nennt Thomas[1]) Cajetanus war ohne Zweifel einer der bedeutendsten unter den damaligen römischen Theologen, wenn nicht gar der bedeutendste,[2]) der Stolz und die Zierde des Dominicanerordens. Noch ohne Kenntniß von Luthers Thesen hatte er am Ende des Jahres 1517 einen gelehrten Tractat über den Ablaß geschrieben[3]) und der Streitfragen über das Bußsacrament sind viele seiner zahlreichen Tractate gewidmet, zu denen er sogar seine Muße während der Augsburger Verhandlungen benutzte.[4]) Man hätte von einem solchen Manne erwarten können, daß er am ehesten geneigt sein würde, auf eine wissenschaftliche Behandlung der ganzen Angelegenheit einzugehn. Doch darf man nicht vergessen, daß alle Arbeiten dieses schrofsten aller Curialisten,[5]) der auf dem letzten Concil nicht Geringes zur Vergötterung des Papstthums beigetragen hatte,[6]) im Grunde nur die Erhöhung der päpstlichen Gewalt beabsichtigten,[7]) von der der ehr- und prunksüchtige Cardinal die seine erhielt. Und jene Sätze von thesaurus ecclesiae und der Ausdehnung des Ablasses auf die Seelen im Fegefeuer per modium suffragii wurden von Cajetan gerade besonders betont. Dabei war er Dominicaner und mußte in Luther von vornherein den Feind seines Ordens sehen. Gleich bei der ersten Begegnung genügt es Cajetan darum blos zu constatiren, daß die Frage, ob das meritum Christi, der Ablaß

---

[1]) Er hatte sich zu Ehren des Thomas Aquinas beim Eintritt in den Dominicanerorden diesen Namen gegeben. Vgl. Rocaberti Bibliotheca maxima Pontificia Tom. XIX S. 443. Ueber sein Leben auch bei Boerner, de Colloquio Augustano Lutheri cum Cajetano. Lipsiae 1722. p. 10 ff.

[2]) Zu wenig gewürdigt von Laemmer, Vortridentinische Theologie. S. 11 ff.

[3]) Cajetani opuscula omnia. Ven. 1556. Tom I. p. 86 f. Er trägt das Datum vom 6. Dez. 1517.

[4]) de contritione (7. März 1518) p. 103 ff. Und die Tractate vom 25.—29. Oct. 1518 ebendas. Vgl. Jaeger, der Kampf Cajetans gegen die lutherische Lehrreform. Niedner, Ztschr. f. hist. Theol. 1858. S. 442 ff.

[5]) Am weitesten geht er in seinem Tractate de divina instutione Pontificatus (gegen Luther) vom 17. Febr. 1521. Oper. Tom. I.

[6]) cf. Jaeger a. a. O. S. 432.

[7]) Ebendas. S. 143. ff.

sei, schon durch die Extravagante Clemens des VI. entschieden war. Somit war man bald auf den Angelpunkt gekommen, denn Luther zögerte nicht lange mit der gefährlichen Antwort, daß eine Extravagante ihm kein genügender Beweis sei, daß die päpstlichen Decretalen oft die heilige Schrift verkehrten und sie nicht richtig einführten.[1]) Darauf sprach der Cardinal den entscheidenden Satz aus, die Decrete des Papstes seien ohne Weiteres anzuerkennen, der Papst habe Macht über alle Dinge „auch über das Concilium, denn er neulich das Concilium zu Basel gestrafft und damnirt." Das Letztere war allerdings richtig, aber dieser thatsächliche Beweis der päpstlichen Machtvollkommenheit war doch durchaus nicht allenthalben anerkannt worden, hatte doch die Pariser Universität erst kürzlich dagegen appellirt. Darauf berief sich jetzt Luther, doch der Cardinal betheuerte, daß jene dafür ihre Strafe erleiden würden, und verurtheilte auch die Gersonisten wegen ihrer gegentheiligen Ansichten über Papst und Concil. Das war bei der ersten Zusammenkunft. Bei der zweiten gab Luther vor Notarien und Zeugen einen Protest ab, wobei er wiederum erklärt, sich in allen Dingen der Kirche (legitimae sanctae Ecclesiae) zu unterwerfen, und obwohl er sich bewußt sei, nichts gegen die heilige Schrift, die Kirchenväter oder die päpstlichen Decretalen behauptet zu haben,[2]) sei er doch jeder Zeit bereit sich zu verantworten und auch das Urtheil der Universitäten Basel, Freiburg, Löwen und Paris zu hören. In der Schrift, die Luther darauf am 14. October zur ausführlichen Rechtfertigung der von den Legaten angefochtenen Sätze übergab, sucht er nachzuweisen, daß die besagte Extravagante wirklich der Schrift zuwiderlaufe, während er noch Tags vorher dieselbe blos zweideutig genannt hatte. Zwar muß man den päpstlichen Decretalen gehorchen, jedoch natürlich nur in soweit als sie der heiligen Schrift

---

[1]) Siehe den Bericht Spalatins bei Löscher a. a. O. II. S. 456 ff.
[2]) Löscher II. 463. Wenn Luther hier entgegen der Erklärung vom Tage vorher, wonach er die Extravagante Unigenitus nicht anerkennt, behauptet, nichts gegen päpstliche Decretalen gesagt zu haben, so muß er wohl schon solche gemeint haben, welche salva scriptura gegeben waren, (cf. Löscher II. S. 458.) — was allerdings immer etwas sophistisch klingt, denn die Gegner konnten dies kaum so verstehen.

und den Kirchenvätern nicht widersprechen. Man muß sie annehmen tamquam vocem Petri, da aber nach Gal. 2 selbst Petrus geirrt hat, so ist es klar, daß auch seine Nachfolger irren können, auch war die Ansicht des Petrus nicht eher acceptirt, als bis (nach Act. 15) die Zustimmung des Jacobus und der ganzen Gemeinde dazu kam. Auch hat schon Panormitanus (vgl. oben) gezeigt, daß nicht nur ein allgemeines Concil sondern (unter Bezugnahme auf 1 Cor. 14, 30) sogar jeder beliebige Gläubige, wenn er bessere Gründe und Autoritäten beizubringen weiß als der Papst, über demselben steht. **Deßhalb muß man die Stimme des Petrus so hören, daß noch Raum da ist für die überführende Stimme des Paulus.**[1]) — Obwohl nun Luther hierauf sich berufend das Irrthümliche der Extravagante aus Schrift und Augustin darlegt, giebt er sich weiter unten doch Mühe, dieselbe nach seinem Sinne umzudeuten, und kommt wirklich zu dem Schlusse, der Papst könne sie nur so gemeint haben. Doch glaubte Luther wohl selbst kaum daran, daß dies die Sachlage ändere, aber er schreckte noch immer zurück vor dem Bruche mit der Kirche, den er doch innerlich schon vollzogen hatte. „Es ist nicht meine Sache," sagt er, „die päpstlichen Canones zu interpretiren, sondern nur meine Sätze zu vertheidigen, damit sie nicht gegen die Canones zu streiten scheinen, indem ich demüthig erwarte, ob der Papst seine Meinung anders erklären wird, bereit derselben zu gehorchen."

In einem zweiten Schreiben[2]) bittet er den Cardinal, die Sache dem Papste noch einmal vorzutragen, damit sie dann durch die Kirche entschieden würde. Daß Luther hier unter Kirche nicht den Papst verstanden hat,[3]) nachdem er so nachdrücklich die Sylvester'schen dahin gehenden Ansichten zurückgewiesen hatte, würde auch schon aus der Parallelstelle im Briefe vom 18. hervorgehen. Dort erklärt er, daß er auf Wunsch seiner Umgebung appellire, obwohl er seinerseits dies für unnöthig halte, da er Alles der Kirche

---

[1]) De W. I. S. 151.
[2]) Ebendas. S. 161 ff.
[3]) Gegen Köstlin a. a. O. I. S. 227.

und deren Urtheil überwiesen habe.¹) Und diese Ecclesia sancta ist ihm doch unbedingt zuletzt trotz alles Schwankens das höhere Tribunal und nur aus Nachgiebigkeit gegen seine Freunde führt er seine ursprüngliche Absicht, an die Kirche, das ist an ein Concil, auch förmlich zu appelliren, für jetzt nicht aus, sondern appellirt a Papa male informato ad melius informandum²), indem er damit das gewöhnliche Verfahren einschlug.³) Sein Sinn stand aber schon bei seiner Ankunft in Augsburg darauf, lieber an ein Concil zu appelliren, noch vor der Zusammenkunft mit Cajetan schreibt er: „Es steht fest, daß ich ein künftiges Concil anrufen werde,"⁴) und gleich bei den ersten Verhandlungen erinnert er an die Appellation der Pariser. Demnach kann es befremden in der Appellation wieder dieselben Ausdrücke devotester Unterwerfung zu finden, die uns schon oben in dem Widmungsschreiben an den Papst bei Gelegenheit der Resolutionen auffielen.⁵) Aber abgesehen davon, daß dies eine hergebrachte Formel gewesen zu sein scheint, wird auch hierbei dem Einfluß der Freunde Manches zuzuschreiben sein,⁶) doch ist auch denkbar, daß Luther im Papst noch den Mund der Kirche gesehen hat. —

Ueberblicken wir unsere bisherige Entwicklung, so ergiebt sich, daß von einem leitenden Princip in dieser Periode bei Luther noch

---

¹) Cum ego ut dixi, omnia in judicium ecclesiae retulerim et non nisi sententiam ejus exspectem. Quidenim ultra facere debeo, aut facere possum? Neque enim me reo aut responsore opus est, qui ego non dixi, sed quid ecclesia dictura sit, attendo: nec adversarius contendere sed discipulus audire volo. De W. I. 164.

²) Löscher II. 484 ff.

³) Vgl. Clemens Brockhaus, Gregor Heimburg S. 166.

⁴) De W. I. 145.

⁵) ut occidat, vivificet, reprobet, approbet, sicut placuerit, et vocem ejus vocem Christi in ipso praesidentis cognoscam. Löscher II. S. 489 cf. S. 178.

⁶) Vgl. hierzu die Aeußerung in dem Briefe vom 14. Oct. an Carlstadt De W. I. p. „Mir wird gemacht ein Appellation, soviel es möglich ist, wohl zugericht, gegründet und der Sachen bequem und gemäß." Danach kaum selbst verfaßt Gegen Kahnis, deutsche Reform. I. 227.

gar keine Rede sein kann. Hervorgegangen aus einer specifisch subjectiven Theologie, schreiten seine Ideen keineswegs in logischer Folge fort. Die Schrift wird noch nicht als alleinige Grundlage des Glaubens gefaßt, sondern neben Väter und Decretalen gestellt, obwohl ihr im Falle des Widerspruchs jener die höhere Auctorität zuerkannt wird. Dabei muß man nicht vergessen, daß das sogenannte Formalprincip als leitender Grundsatz zuerst von Carlstadt ausgesprochen ist,¹) der einmal für Luthers Ideen gewonnen, weit consequenter, wenn auch radicaler vorwärts ging.

Fanden wir in dem Sermon vom Bann schon die Keime eines durchaus neuen Kirchenbegriffs, von dem aus die Frage über die Stellung des Papstthums, der Concilien u. s. w. sich leicht hätte erörtern lassen, so müssen wir doch die Folgerungen jener Anschauungen gänzlich vermissen. Der ganze Sommer 1518 muß als eine Zeit der Schwankungen angesehen werden. Schon hat Luther gewagt, die Irrthumsfähigkeit eines Concils auszusprechen, schon eine päpstliche Decretale wirklich eines Irrthums geziehen, ja sogar behauptet, daß die wohlbegründete Ansicht eines ganz beliebigen Mannes über Papst und über Concil stehen könne, und doch ruft er den fallibeln Papst an und verspricht, in ihm die Stimme der Kirche, ja Christi anzuerkennen. Das sind unleugbare Inconsequenzen, wenn nicht Widersprüche, aber man kann sie aus Luthers Natur und den ganzen Verhältnißen verstehen, und nur darauf, nicht sie auszugleichen kann es dem Historiker ankommen. Luther war seiner ganzen Unmittelbarkeit nach viel eher, ich möchte fast sagen instinctiv von der Irrthümlichkeit einzelner Lehrpunkte überzeugt, ehe er sich vollständig über die Gründe dazu klar. Er wußte meistentheils eher, was das Falsche war, als er angeben konnte, was als Richtiges dafür zu setzen sei. Die wissenschaftliche Begründung eines neuen Begriffs war immer das Zweite. Aber die Offenheit seines Wesens, die sich überbietenden Behauptungen seiner

---

¹) Vgl. die These Carlstadts, die er u. a. im Mai 1518 ausgehen ließ. Textus bibliae non modo uni pluribusve ecclesiae doctoribus sed etiam totius ecclesiae auctoritati prefertur. Löscher II. p. 80.

Gegner nöthigten ihn nicht selten dazu, schon vorher seine Ansichten auszusprechen, die Verhältnisse, etwa die Nichtübereinstimmung mit hochgeschätzten Freunden ließen ihn (in dieser Periode) an den neu gewonnenen Anschauungen, die man vielleicht besser Erfahrungen nennen möchte, noch zeitweilig irre werden, weil er noch nicht im Stande war, sie biblisch und wissenschaftlich sich und Andern klar zu legen. Dabei muß man in Anschlag bringen, daß er trotz alles Beifalls, den seine Thesen gefunden hatten, noch immer fast allein stand. Man denke nur an die Zurückhaltung der Erfurter Freunde! Aber war sich denn Luther jener Inconsequenzen nicht bewußt? Hoffte er wirklich noch etwas von dieser Appellation ad Papam? Wir müssen dies in Abrede stellen. Diese Berufung an den Papst war eine Concession an die Freunde, ein letzter Versuch, der noch mit der alten Tradition ringenden Seele,[1]) dessen Fruchtlosigkeit er sich aber schon nicht mehr verschweigen konnte, das spricht sich auch in der ganzen Stimmung aus, in der er Augsburg fliehend verließ.

Eine Bestätigung hiefür finden wir auch in dem Nachwort zu seinen Acta Augustana, dem kühnsten, was Luther bisher geäußert hat. Man solle nicht glauben, daß seine Appellation, die er mit vieler Ehrfurcht gethan und wodurch er gleichsam seine Sache dem Gutdünken des Papstes unterworfen habe, deßhalb geschehen sei, weil er selbst an seiner Sache zweifle, oder seine Meinung jemals ändern wolle, sondern nur aus Ehrfurcht gegen den Papst.[2]) Das klingt fast wie eine Entschuldigung. — Bei der ganzen Frage handelt es sich ja, wie er weiter fortfährt, um weiter nichts als um den einfachen Schriftsinn, den die sogenannten Decrete wenn nicht geradezu verderben, so doch durch Verdrehung verdunkeln. Der Vorrang der römischen Kirche ist aus Matth. 16 durchaus nicht

---

[1]) Gegen Kahnis a. a. O. S. 244. „Für Luther stand die Autorität der mittelalterlichen Kirche noch fest."

[2]) Responsionem meam, etsi cum multa reverentia dedi ac velut in arbitrium summi Pontificis reposui, non tamen id me fecisse credas, quod de re ipsa dubitem aut animi sententiam sim unquam dubitaturus. Veritas divina est etiam Domina Papae, non enim judicium hominis expecto, ubi divinum judicium cognovi, sed quia oportuit reverentiam servare ei. Löscher II. p. 544.

zu erhärten, und es ist eine Thorheit zu behaupten, daß Jemand
kein Christ sein könne, der nicht unter dem Papst und seinen Decreten stände. (Bezieht sich nach dem Zusammenhange nur auf die
Griechen). Die Monarchia Papae¹) kann nur aus Rom 13 erwiesen
werden. Was die bekannte Extravagante anbetrifft, so sind jedenfalls die heiligen Schriften früher dagewesen. Endlich kommt er
noch auf die Concilien zu sprechen und beklagt sich darüber, daß gewisse Leute den Papst über das Concil stellen und durch Verwerfung des einen Concils durch das andere nichts Sicheres übrig
lassen, so daß ein einziger Mensch, der Papst, Alles in Händen habe²)
und es vernichtet.

Freilich muß man sich hierbei erinnern, daß dies unter dem
unmittelbaren Eindruck des päpstlichen Breves an Cajetan vom 23.
Aug. 1518 geschrieben ist, welches Luther auf der Rückreise von
Augsburg zu Gesicht bekam.³) Man sprach von ihm darin schon
als von einem erklärten und überführten Ketzer. Zweifelte auch
Luther anfangs an der Echtheit des Schreibens, so schien es doch
ein deutlicher Beweis zu sein, wessen er sich zu versehen habe. Vom
Papste war nichts mehr zu hoffen, es blieb nur noch übrig, den

---

¹) Ebenda. p. 547.
²) Wir führen diese Stelle ihrer Wichtigkeit wegen, und weil sie als
eine Weissagung auf die heutigen Zustände der Römischen Kirche aufgefaßt
werden kann, hier vollständig an: — videmus nostro seculo surgere no-
centissimos adulatores, qui summum Pontificem ultra Concilia elevent,
scilicet ut uno Concilio per alterum reprobato, nullum nobis certum
relinquatur, tandem omnia simul conculcet unus homo Papa, idem supra
Concilium et infra, supra, dum potest damnare, infra, dum accipit a
Concilio auctoritatem tamquam a majori, qua fiat supra Concilium.
Sunt quoque qui Papam non posse errare et supra Scripturam esse
impudentissime jactitant, quae monstra si ad missa fuerint, Scriptura
periit, sequenter et ecclesia et nihil reliquum erit, nisi verbum hominis in Ecclesia, sed quaerunt hi adulatores invidiam, deinde
ruinam et perniciem Romanae Ecclesiae. Lösch. II. p. 549.
³) Das Breve bei Löscher II. 437. Ueber die Echtheit dieses ange-
zweifelten Schriftstückes siehe meine Erörterung im Anhang dieser Ab-
handlung.

schon früher beabsichtigten Weg einzuschlagen und jetzt wirklich an ein Concil zu appelliren. Dies geschah denn auch auf feierliche Weise am 29. November. Des mehrfachen Verbotes solcher Appellationen von Seiten der Päpste war sich Luther, wie wir aus den Eingangssätzen seines Schriftstückes ersehen,[1]) wohl bewußt, aber eben so gut war ihm bekannt, daß die Nationen diese Verbote niemals anerkannt hatten,[2]) und daß erst neuerdings die Pariser Universität gegen die Aufhebung des Concordats appellirt hatte.[3]) Jene Appellation bildete denn auch augenscheinlich das Schema zu der seinigen:[4]) Da es feststeht, daß ein heiliges im heiligen Geiste versammeltes Concil, welches die heilige katholische Kirche repräsentirt, in Glaubenssachen über dem Papst steht, und der Papst darum kein Recht hat, eine solche Appellation zu verbieten, so appellirt er an ein zukünftiges legitimes freies Concil, welches an einem sichern Orte abgehalten ihm freien und sichern Zutritt gewährt, um seine Sache zu führen und zu vertheidigen. Wie Luther sich die Zusammensetzung eines solchen Concils gedacht hat, hören wir auch hier nicht; aber zu beachten ist, daß er hier von der ihm ja schon längst feststehenden Irrthumsfähigkeit eines Concils vollständig absieht und eine endgültige, der Wahrheit gemäße Entscheidung erwartet. Dabei tauchen schon bisweilen höchst bedenkliche Anschauungen vom Papstthum auf, so in dem Briefe an Wenceslaus Link vom 11. Dez. 1518, wo er schon die Ahnung ausspricht, daß der Papst der Antichrist sei.[5])

Die gut gemeinten Vermittlungsversuche eines Miltiz[6]) änderten in der That in Luthers Stellung zum Papst wenig oder gar Nichts. Denn Luther traute ihnen von Anfang an nicht[7]) und wenn er sich

---

[1]) Bei Löscher, a. a. O. II. 506.
[2]) cf. S. 7.
[3]) Bei Löscher I. 553 ff.
[4]) Vergleiche die fast wörtliche Uebereinstimmung bei Löscher I. 555 mit II. 506, I. 562 mit II. 510.
[5]) Mittam ad te nugas meas, ut videas, an recte divinem Antichristum illum verum juxta Paulum in Romana curia regnare. De W. I. 193.
[6]) Näheres bei Köstlin. I. 235. Seidemann, K. v. Miltiz 1844.
[7]) De W. I. 211. 216 ff.

ihnen nicht entzog, sondern sogar bereitwillig darauf einging, so that er es nur, um nicht selbst unversöhnlich zu erscheinen und der Besuch des Bischofs von Brandenburg bei Luther Anfang Febr. 1519 mag dafür mit bestimmend gewesen sein.[1]) Auch will es nicht allzu viel sagen, wenn er in seinem „Unterricht auf etliche Artikel" u. s. w.[2]) den er auf Miltitz's Veranlassung schrieb, zum Gehorsam gegen die römische Kirche ermahnt, spricht er doch auch in dieser Schrift den Satz aus, daß Gottes Gebot mehr zu gehorchen sei, als dem Papst und der Kirche. Unter diesem Gesichtspunkt ist auch der Brief an Leo X. vom 3. März[3]) zu betrachten, wo er, wiederum durch Miltitz bewogen, verspricht, über den Ablaß zu schweigen, sofern es auch die Gegner thäten und erklärt, daß er nie die Absicht gehabt habe, das Ansehen der römischen Kirche zu schädigen, die vielmehr Christus ausgenommen Allen vorzuziehen sei. Jedenfalls war Luther, wenn er sich nicht ungetreu werden wollte, hiermit bis an die äußerste Grenze der Unterwürfigkeit gegangen, besonders wenn man berücksichtigt, daß Leo in seiner Decretale vom 9. Nov. 1518 die Ablaßlehre der Thomisten bestätigt hatte.

Unklar bleibt die Frage, wie sich denn Luther bei diesen Vermittelungsversuchen des Miltitz und bei seinem Eingehen auf den Schiedsspruch eines deutschen Bischofs zu seiner früheren Appellation an das Concil gestellt habe. Letztere scheint bei den Verhandlungen gar nicht erwähnt worden zu sein. Doch darf man wohl annehmen, daß Luther bei dem geringen Vertrauen, welches er zu der ganzen Angelegenheit hatte, seine Berufung keineswegs als zurückgezogen erachtete. Dagegen spricht auch nicht der Brief an Leo. Man hat auf beiden Seiten nicht ganz rückhaltlos gehandelt. —

Jene Berufung aufs Concil hatte für Luther auch noch den Erfolg, daß er viel freier dastand, sowohl seinen Obern als allen denen gegenüber, die ihn schon als Häretiker zu betrachten sich ge-

---

[1]) De W. I. 224. Unrichtig nimmt Seckendorf I. 62 an, Luther wäre nach Brandenburg gereist. Luthers Thesen gegen Eck können hierfür nicht bestimmend gewesen sein, da diese vor dem 7. Febr., wo er sie an Spalatin schickt, nicht ausgegangen sind. Gegen Wernicke, a. a. O. S. 23—25.
[2]) Erl. A. 24.
[3]) De W. I. 233.

wöhnt hatten. Naturgemäß mußte dieser Schritt auch die Zahl seiner Anhänger vermehren, besonders unter denen, die obwohl sie den religiösen Fragen ferner standen, doch unter den päpstlichen Eingriffen in hergebrachtes Recht seufzten, nachdem man so oft die gravamina nationis vergebens geltend gemacht hatte.

Auch jene Benutzung des Pariser Schemas war wohl nicht ganz ohne die Nebenabsicht geschehen, eventuell in den Mitgliedern der Sorbonne Vertheidiger zu finden, trug sich doch Luther in jener Zeit vielfach mit dem Gedanken, nach Paris als dem bekannten Hauptsitz anticurialistischer Theologie überzusiedeln.

II.

Die Leipziger Disputation.

Von zwei verschiedenen Seiten her wurde Luther im Anfange des Jahres 1519 gezwungen, der Frage über Kirche und Papstthum auch wissenschaftlich näher zu treten.

Wahrscheinlich hatte er in seinen Vorlesungen Bedenken ausgesprochen über das göttliche Recht des Pabstthums[1]) unter Berufung auf das Concil von Nicaea, wo dasselbe noch nicht zum Ausdruck gekommen war. Darauf hin suchte der Professor Düngersheim aus Leipzig[2]) ihm in umfangreichen Schreiben unter Berufung auf die Väter seinen Irrthum zu beweisen.[3]) Luther erklärt dagegen, daß das Recht des primatus papae sich nicht aus der Schrift erweisen lasse, wenn er den Primat selbst auch nicht leugnen will. Wenn es auch fest stände, daß der Papst nicht auf dem Nicänum gewesen sei, so hänge er doch nicht, wie ihm Düngersheim vorgeworfen, an diesem Nicänum, sondern gründe sich auf die Schrift:

---

[1]) Löscher III. p. 22.

[2]) Hieronymus Düngersheim aus Ochsenfarth in Franken, über ihn vergl. Winer, de facultatis theol. evangelicae in hac universitate originibus. 1839. Leipz. Festpr. p. 9. Er lebte noch und war Decan der theol. Facultät als die Reformation in Leipzig eingeführt wurde. Ebend. p. 14.

[3]) De W. I. 205. Das Datum der Schreiben ist bedeutend weiter vorzustellen, als dies bei De W. geschieht. Denn während Luther in dem Briefe an Sylv. Tyrannus vom 2. Febr. noch ganz unbestimmt von seiner Theilnahme an der Disputation spricht, sie an Lange am dritten kaum durchblicken läßt, spricht er in dem Briefe an Düngersheim schon ganz bestimmt davon, wie in dem Briefe an Spalatin vom 12. Febr. Vgl. Plitt, Einl. in die Augustana I. 135.

Ego autem nitor verbis Evangelii, quod apostoli fuerunt aequales. Er will die Oberhoheit Roms anerkennen, sie auch in wichtigen schwierigen Fällen angerufen wissen, (obwohl er nicht angeben könne wie man dies z. B. gegen die Griechen vertheidigen könne[1])) doch dürfen Roms Entscheidungen nicht dem Schrifttext zuwiderlaufen.[2]) Müssen doch die Väter nach der Schrift geprüft werden, und nicht umgekehrt nach Düngerheims und Ecks Art die Schriften den Vätern angepaßt werden.

Der ungeheuren Tragweite der ganzen Frage vom göttlichen Rechte des Papstthums, daß damit das Dogma vom Papstthum überhaupt fraglich würde, war sich Luther noch nicht bewußt. Ja in dem „Unterricht etlicher Artikel" äußert er, daß dies eine bloße Schulfrage sei, die die Gelehrten auszufechten hätten, und die die Laien Nichts anginge. Doch waren ihm schon gefährliche Zweifel aufgestiegen, wie wir aus der oben angeführten Bemerkung an Link ersahen, und seine Gegner zwangen ihn, der Sache auf den Grund zu gehen und sich in historische Studien zu vertiefen. Das nitor verbis evangelii in dem Briefe an Düngersheim sollte bald zu eminenter Bedeutung kommen. Jetzt erst wird Luther im eigentlichen Sinne offensiv, und der Kampf mit dem Papstthum, als solchem, kommt ihm nicht ungelegen.[3]) Mehrfach spricht er aus, daß er bisher nur gescherzt habe, nunmehr werde es aber Ernst werden. Er bedauert, daß er in jener deutschen Schrift, die er auf Miltitz Verlangen, geschrieben habe, der römischen Kirche und dem Papst geschmeichelt

---

[1]) Was einmal göttlichen Rechts ist, muß es ja auch immer sein, quod non liceat id quod juris divini est, ulla mora, ullo saeculo, ullo casu, vel mutari, vel interrumpi. De W. I. 206.

[2]) Erst jetzt kann von einem Schriftprincip gesprochen werden.

[3]) res vergit, uti vides in sacros canones id est prophanas sacrarum literarum corruptelas, quod et jam diu optavi et ingerere sponte non ausus fui, trahit me dominus et non invitus sequor. An W. Pirkheimer bei De Wette-Seidemann 6, 13. Am 13. Oct. 1520 schreibt er aber an Leo X. Satan, servum suum Johannem Eccium — — — exstimulavit — — ut me traheret in arenam insperatam captans me in uno vocabulo de primatu Rom. Eccl. mihi obiter elapso. De W. I. 501.

habe.¹) Aber noch will er das Papstthum nicht etwa deßhalb ganz verwerfen, weil es nicht in der Schrift gegründet sei, sondern er rechnet es unter die res neutrales, ut divitiae, sanitas etalia temporalia.²) Doch bekam die Sache durch Eck eine ernstere Wendung.

Es kann hier nicht unsere Sache sein, auf die Entstehung der Disputation und deren Verlauf des Weiteren einzugehen,³) es genügt daran zu erinnern, daß in den scheinbar gegen Carlstadt allein gerichteten Thesen Ecks, die letzte 12., später 13., ganz besonders die Aufmerksamkeit Luthers in Anspruch nahm. Sie war entstanden im Gegensatz zu einer beiläufigen Bemerkung Luthers in den Resolutionen (Concl. 22), wo Luther von einer Zeit spricht, in der die römische Kirche noch nicht über den andern stand. Dem gegenüber behauptete Eck nun die Superiorität Roms schon vor Sylvester (313—335), was nach Luthers Gegenthese nur aus den „frostigsten in den letzten vierhundert Jahren entstandenen päpstlichen Decreten" erwiesen werden könne, denen die Geschichte und das Decret des heiligsten aller Concile, des Nicänischen, widerspräche.⁴) Danach spitzte sich der Streit auf die Stellung zum primatus papae zu. Luther, der Anfangs sich vorgenommen hatte, seine Gegner mit seiner Beweisführung zu überraschen, gab doch schon vor der Dispu-

---

¹) De W. I. 201.
²) De W. I. 264. Von den Anklagepunkten der Jüterboger Franciscaner hat Luther nur die acht des Bernhard zu Gesicht bekommen und ist darum nicht auf jenen ersten Punkt (nihil tenet de Conciliis generalibus quia non repraesentant universalem ecclesiam) in seiner Antwort eingegangen De W. I. 265 f.
³) Vgl. Albert, Aus welchem Grunde disputirte Eck gegen Luther Ztschr. für hist. Th. 1873 S. 382 ff. Seidemann d. Leipziger Disputation. S. 26 ff.
⁴) Lösch. III. p. 210 ff. Romanam ecclesiam non fuisse superiorem aliis ecclesiis ante tempora Sylvestri, negamus. Sed eum, qui sedem beatissimi Petri habuit et fidem, successorem Petri et vicarium Christi generalem semper agnovimus. Dagegen Luther ebenda p. 213. Romanam ecclesiam esse omnibus aliis superiorem probatur ex frigidissimis Rom. Pontificum decretis, intra quadringentos annos natis, contra quae sunt historiae approbatae mille et centum annorum, textus scripturae divinae et decretum Niceni Concilii omnium sacratissimi.

tation eine umfangreiche resolutio de potestate Papae heraus.¹) Die Oberherrschaft des römischen Stuhls will er durchaus anerkennen, denn da sie thatsächlich vorhanden sei, so sei sie auch nach Röm. 13 als von Gott gewollt zu betrachten. Aber die für das jus divinum vorgebrachten Stellen sind falsch angezogen, vor allem Matth. 16. Dort fragt Christus alle Jünger und nicht Petrus allein: „Wer sagt denn ihr, daß ich sei"? Und wenn Petrus allein antwortet so ist er nur der Mund der Jünger, wie die Stelle schon von Hieronymus, Chrysostomus und Augustin ausgelegt worden ist.²)

---

¹) Löscher III. p. 123 ff. Die Schrift ist von Plitt u. Köstlin viel zu wenig gewürdigt.

²) Vgl. Hieronymus In Matth. (opera ed. Migne Tom. VII. p. 118). Simoni, qui credebat in petram Christum, Petri largitus est nomen. — Chrysostomus in Matth. homil. (opera ed. Montfaucon Tom VII. p. 548) σὺ εἶ Πέτρος καὶ ἐπὶ ταύτῃ τῇ πέτρᾳ οἰκοδομήσω μου τὴν ἐκκλησίαν, τοῦτ' ἐστι, τῇ πίστει τῆς ὁμολογίας. — Augustinus in Matth. Serm. 76. (Opera Parisiis 1683 Tom p. 415) Petrus a petra, non petra a Petro, quomodo non a Christiano Christus, sed a Christo Christianus vocatur. Tu es ergo, inquit, Petrus et super hanc petram, quam confessus es, super hanc petram, quam cognovisti dicens Tu es Christus Filius Dei vivi, aedificabo Ecclesiam meam. Super me aedificabo te, non me super te. — Augustin hat aber auch an einer andern Stelle (contra epist. Donat. Cap. XXI.) nach Ambrosius, die andere Auslegung, nach welcher Petrus der Fels ist. (Ed beruft sich in der Disputation darauf, daß Augustin in den Retr. unter dem Fels Petrus verstanden habe. Vgl. Löscher III. 363. ff. dagegen Luther S. 369.) Darauf kommt er in den Retractionen (lib. I.) zu sprechen, wobei er die oben angegebene Ansicht folgendermaßen modificirt: aedificabo ecclesiam meam ut super hunc intelligeretur, quem confessus est Petrus dicens: tu es Chr. etc. ac si Petrus ab hac petra appellatus personam ecclesiae figuraret quae super hanc petram aedificata, et accepit claves regni coelorum. Non enim dictum est illi, Tu es petra; sed tu es Petrus, petra autem erat Christus quem confessus Simon, sicut cum tota ecclesia confitetur, dictus est Petrus. Er erklärt sich selbst nicht bestimmt für eine der beiden sich widersprechenden Ansichten: Harum autem duarum sententiarum, quae sit probabilior eligat elector. Ganz nach Augustin auch Joh. Hus. de eccl. 260 ff. Luther hat bei seiner Auslegung von den Vätern blos das entnommen, daß der Fels nicht Petrus ist, sondern der Glaube. (Chrysost.)

Demnach ist der, welcher antwortet, nicht eigentlich Petrus, der Simon Barjona, nicht caro et sanguis, sondern der auditor revelantis patris. So wird also auch die Schlüsselgewalt nicht dem Petrus allein, sondern allen Aposteln, d. h. jedem der ein auditor paternae revelationis ist gegeben, keinem einzelnen Menschen, sondern der ganzen Kirche. Und diese Kirche ist ja nichts Anderes als der Leib Christi, mit ihm in demselben Geiste lebend, die Gemeinschaft der Heiligen u.[1]) Denn wenn, so fügt Luther weiter unten bei, jenes Wort von der Schlüsselgewalt sich nur auf den Petrus bezieht, Petrus der Fels ist, auf dem die Kirche gegründet ist, so verlangt die Consequenz auch jenes zweite Wort: Vade post me Satana! auf den künftigen Bischof der Römischen Gemeinde zu beziehen. Die Schlüsselgewalt eignet also allein der Kirche, und zwar jeder Kirche oder Gemeinde, und von dieser empfängt sie der Papst sowie jeder Diener, um sie auszuüben. Daß dies die allein richtige Auslegung ist, zeigt auch der Umstand, daß dem Petrus, obwohl er kurz nach Empfang der Schlüsselgewalt geirrt hat, die Schlüssel doch nicht wieder abgenommen worden sind, weil er sie eben nur für die Kirche empfangen hat.[2]) Die Schlüsselgewalt ist darum überall da, wo derselbe Glaube ist, wie ihn Petrus gehabt hat, und was die Römische Kirche (Gemeinde) besitzt, besitzt auch jede noch so kleine.[3]) Und wo das Wort Gottes gepredigt und geglaubt wird, da ist der wahre Glaube, ist der unbewegliche Fels, wo aber der Glaube, da die Kirche, die Braut Christi, da Alles das, was dem Bräutigam eigen ist, was der Glaube mit sich bringt, die Schlüssel, die Sacramente, die Gewalt und alles Andere.[4])

Hiermit hatte Luther einen neuen Kirchenbegriff aufgestellt, der

---

[1]) Löscher S. 130.
[2]) Ebenda. S. 134.
[3]) Ebenda. 155. Unter ecclesia versteht Luther bald Gemeinde, bald Kirche.
[4]) Ubicunque praedicatur verbum Dei et creditur, ibi est vera fides, petra ista immobilis. Ubi autem fides, ibi ecclesia. Ubi ecclesia ibi sponsa Christi. Ubi sponsa Christi, ibi omnia, quae sunt sponsi. Ita fides omnia secum habet, quae ad fidem sequuntur, Claves, Sacramenta, Potestatem et omnia alia. Lösch. III. 156.

auch im Großen und Ganzen bei ihm immer derselbe geblieben ist. Die Kirche ist eine geistige Gemeinschaft mit und in dem Herrn, eine communio sanctorum, (nach Luther im apostolischen Symbolum als Glosse zu credo ecclesiam zu fassen) sie ist überall da, wo das Wort Gottes gelehrt und geglaubt wird, und der Gläubige selbst in persönlicher Beziehung zu Christo steht, das Organ der göttlichen Heilsvermittlung in Wort und Sacrament.[1]) Demnach gehören auch die Orientalen zur christlichen Kirche, denn wenn sie auch andere Ordnungen haben, so haben sie doch dasselbe Evangelium.[2]) In Folge jener Ansicht, daß die Schlüsselgewalt der Gemeinde gegeben ist, erklärt es Luther für anmaßend und unevangelisch, wenn der Papst die Ordination aller Bischöfe beansprucht, der solle dies den archiepiscopis et vicinis überlassen; auch sei es zu bedauern, daß die alte uns von Cyprian und Augustin mitgetheilte Praxis, die Bischöfe unter Mitwirkung des Volkes von den Priestern selbst wählen zu lassen, durch die römische Praxis verdrängt ist. Doch dies mag sein, wie ihm wolle, wenn man nur nicht verlangt, daß wir ein jus divinum derselben glauben sollen. Wenn aber der Primat des Papstes der Kirche zum Schaden gereichen sollte, so ist er gänzlich abzuschaffen, denn menschliche Einrichtungen in der Kirche dürfen, wenn sie überhaupt bestehen sollen, nur der Kirche dienen, nicht gegen sie gerichtet sein.[3]) Dieser Fall der Schädlichkeit des römischen Primats, der hier nur hypothetisch besprochen wird, wird an andern Stellen doch als gegeben angenommen. Die päpstlichen Decrete (von denen er übrigens die meisten nach einer beliebten Methode für erdichtet hält) bringen ja in der Kirche die größte

---

[1] Vgl. auch hierfür Köstlin, Luthers Lehre von der Kirche. Stuttg. 1863.

[2] Löscher III. 144.

[3] Siprimatus Romani Pontificis vergere incipiat in ecclesiae detrimentum, omnino tollendus est de ecclesia quia humana jura et consuetudines pro Ecclesia servire debent, non contra Ecclesiam militare. Quodsi non fiat, jam coram Deo traditio hominum irrita facit mandata Dei. Quare vide, quam tenui pendeat filo Romanorum adulatorum tyrannis quae se ipsam autoritate divina conata stabilire, se ipsam penitus ea ratione subvertit.

Verwirrung hervor, die größer ist als die Babylonische.¹) Bei Erwähnung der päpstlichen Behauptung, daß Petrus auch die Rechte der irdischen Herrschaft erhalten, ruft er aus: „Und da träumen wir noch von einem guten Zustand der Kirche und erkennen nicht den Antichristen inmitten des Tempels!"²) Danach kann der wahre Sinn einer Bemerkung am Ende der besprochenen Schrift nicht dunkel sein, wo er sagt: „**Zum Schluß sage ich, daß ich nicht weiß, ob der christliche Glaube es dulden kann, daß auf Erden ein anderes Haupt der allgemeinen Kirche aufgestellt werde, außer Christus.**"³)

Das waren die Früchte von Luthers historischen Studien. Man muß sagen, daß sie den Rechtsbestand nicht nur des Papstthums, sondern der ganzen traditionellen mittelalterlichen Kirche negiren. Was wollte da jene mehrfach wiederholte Betheuerung, daß er den Ehrenvorrang des Papstes jure humano, de facto anerkenne, noch viel sagen? Jene oben angeführten Sätze von der Abschaffung des Papstthums klingen schon an die stärksten Aeußerungen aus dem Jahre 1520, nur daß das, was hier noch hypothetisch hingestellt, dort assertorisch ausgesprochen wird.⁴) Jedenfalls durfte sich Luther

---

¹) Löscher, S. 180 und weiter unten. Nec Romae aliud curatur, quam ut hac Ecclesiae summa calamitate roboretur potestas et dominatio sui in omni individuo suo sola. Et hunc Ecclesiae occasum, si quando gemimus, si dolemus, si quaerulamur, haeretici sumus irreverentes in Romanam Ecclesiam sumus, scandalosi, seditiosi procaces sumus.

²) A. a. O. S. 151.

³) A. a. O. S. 197. In fine dico me nescire an Christiana fides patipossit, interris aliud caput Ecclesiae universalis statui praeter Christum. Sunt, qui Christum in Ecclesiam triumphantem rejiciant, ut Romanum Pontificam militantis Ecclesiae caput constituant. Vgl. dazu Joh. Huß im Gegensatz zu der Bulle Bonifacius VIII. Unam sanctam a. a. O. p. 272. Ecce iste (Christus) est Sanctissimus et Summus Romanus episcopus et Pontifex, assistens Deo patri, et nobiscum existens etc.

⁴) Wie eigenthümlich machen sich da die noch immer fortdauernden Ausgleichsversuche eines Miltitz!

nicht wundern, wenn die Böhmen anfingen, ihn zu den Ihrigen zu zählen und die eifrigsten Zuhörer bei der Leipziger Disputation waren.[1]) Und wenn er sich einredete, noch auf dem Boden der Kirche zu stehen, so war dies eine gründliche Selbsttäuschung.

Wenn irgend Einer, so war Eck der Mann dazu, Luther zu unerwarteten Consequenzen zu nöthigen. So leitete er denn auch die Disputation bald auf den für Luther gefährlichsten Punkt, auf die Frage vom Concil. Dies geschah am 5. Juli, nachdem Eck durch ein Citat aus Bernhard schon gezeigt hatte, daß Luthers These in historischer Beziehung entschieden zu viel behauptet hatte.[2]) Eck erinnerte daran, daß jener Satz vom Primat des Papstes unter die vom Constanzer Concil verurtheilten Sätze des Huß gehöre.[3]) Luther merkte sofort, wo sein Gegner hinaus wollte, und stellte darum seinen Standpunkt zu den Böhmen klar. Die Trennung derselben von der einen Kirche verurtheilt er, meint aber doch, daß unter den Sätzen des Huß[4]) und seiner Anhänger einige sehr christliche seien, wie der, daß es nur eine allgemeine christliche Kirche gebe, was er wie schon früher aus dem apostolischen Symbol beweist, ferner daß es nicht zur Seligkeit nöthig sei, an die Superiorität des Papstes und der römischen Kirche zu glauben. Ob dieser Satz

---

[1]) Vgl. Albert a. a. O. auch Wiedemann, J. Eck. Regensb. 1865. S. 75—153. (doch nicht immer zuverlässig.)

[2]) Löscher III. p. 343 ff.

[3]) A. a. O. p. 356. cf. die 39 Art. ll. Hist. et Dov. p. 17 ff.

[4]) Hoc certum est inter articulos Johannis Huss vel Bohemorum multos esse plane Christianissimus et evangelicos, quos non possit universalis Ecclesia damnare, velut et ille et similis, quod tantum est una ecclesia universalis — — Deinde ille, non est de necessitate salutis credere Rom. Ecclesiam esse aliis superiorem, sive sit Vuickleff sive Hussi non curo a. a. O. 360. Dieser letzte Satz findet sich (wenn auch dem Inhalt nach) dem Wortlaut nach nicht in den zu Constanz verurtheilten Artikeln, wohl aber sehr häufig in der Schrift de ecclesia die hauptsächlich gegen die Bulle Unam sanctam gerichtet ist und ihren berühmten Satz subesse Romano Pontifici — — esse de necessitate salutis. Luther erwähnt diesen Satz noch einmal. Löscher 3, 372, hat aber nach seiner eignen Aussage De W. I, 341. vgl. mit Löscher 3, 650 diese Schrift damals noch nicht gekannt.

von Huß oder Wiklif herrühre, sei ja ganz gleichgültig. Dann führt er wie schon öfter, wiederum den Canonisten Nicolaus von Palermo an, der sogar behauptet habe, daß die auf bessere Gründe gestützte Ansicht eines Privatmannes, der des Papstes oder des Concils vorzuziehen sei.

Daß ein Concil irren könnte, hatte Luther wie wir gezeigt haben, schon öfters ausgesprochen. Nie war er aber so weit gegangen, ein bestimmtes Concil des Irrthums zu zeihen. Und nun traf dies gerade das Constanzer Concil, welches wie kein anderes besonders bei den Gegnern der curialistischen Partei im höchsten Ansehn stand. Dies mußte Luthers Sache sehr schaden, und welchen tiefen Eindruck dieses freimüthige Bekenntniß auf die Zuhörerschaft machte, zeigt uns die Mittheilung über Herzog Georg: Als Luther die Worte gesagt hatte Non omnes articuli Hussitici sunt Haeretici „darauff sprach Herzog Georg mit lauter Stimme, laut daß mans über das ganze Auditorium höret: Das walt die Sucht, und schüttelt den Kopff und setzet beide Armen in die beiden Seiten."[1] Luther selbst scheint bald über seine Behauptung bedenklich geworden zu sein, denn als Eck erwiderte, das sei eben recht böhmisch, die heilige Schrift besser verstehen zu wollen als die Päpste, Concilien, Doctoren und Universitäten, als die berühmten auf dem Constanzer Concil versammelten Väter, da fiel er Eck ins Wort und rief: „es ist nicht wahr, daß ich gegen das Constanzer Concil gesprochen habe," und weiterhin nennt er es eine unverschämte Lüge. Das konnte freilich in der Sachlage nichts ändern, darum hielt er es für gerathen, diese Frage am nächsten Tage selbst von neuem vorzubringen. Er wählt vier Sätze des Huß aus, die er für christlich und evangelisch erklärt[2], vor allem die beiden schon von Augustin begründeten: „Es ist eine heilige allgemeine Kirche, welche ist die Gesammtheit der Prädestinirten" und „die allgemeine heilige Kirche ist nur eine, so wie die Zahl aller Prädestinirten nur eine ist." Doch hütet sich Luther noch diese Sätze wirklich als ungerecht verdammt zu bezeich-

---

[1] Nach dem Bericht des Sebastian Fröschel bei Lösch. III, 279 ff.
[2] A. a. O. III, 371. Wahrscheinlich hatte er den Abend benutzt, um sich näher darüber zu informiren.

nen, sondern möchte sie lieber als untergeschoben betrachten.¹) Uebrigens sage ja auch das Concil selbst, daß einige Artikel häretisch einige irrthümlich, blasphemisch, unbesonnen, aufrührerisch, für fromme Ohren verletzend sein; und ein Artikel, der irrig sei, der vielleicht verletzend genannt werden könne, brauche noch immer nicht ketzerisch genannt zu werden.²) Dies paßt ganz besonders auf jenen Satz vom römischen Primat.³) Doch wie dem auch sei, unfehlbar ist Nichts außer dem Worte Gottes, nicht einmal das Concil, welches Luther eine creatura istius verbi nennt. Auch hier gilt das Wort: Prüfet Alles ꝛc. „Der Papst und die Concilien sind Menschen, deßhalb muß man sie prüfen."

Im weitern Verlaufe der Disputation bedient sich Luther einmal der deutschen Sprache, um sich wegen der ihm von Eck vorgeworfenen böhmischen Ketzereien auch vor dem Volke zu rechtfertigen. Er führt aus, daß er den Primat und den Gehorsam gegen den päpstlichen Stuhl durchaus nicht anfechte, nur das göttliche Recht desselben könne er nicht zugeben.⁴) Allerdings sei wahr, daß diese Behauptung auf dem Constanzer Concil verurtheilt worden sei, aber „es sei zu bedauern, wenn die Herzen der Christen so frostig sein, daß Niemand dies vertheidigte." War hiermit ohne Zweifel ausgesprochen, daß das Concil von Constanz bei dieser Verurtheilung wirklich geirrt habe, so muß man sich um so mehr wundern, weiter unten zu hören, daß Luther mit Eck darin übereinstimmt⁵) daß man

---

¹) Man kann hieraus ersehen, wie kritiklos Luther verfuhr und wie vollkommen ungerechtfertigt es ist, bei einer kritischen Frage z. B. über die Echtheit des Breves Leo X. an Cajetan auf sein Urtheil Rücksicht zu nehmen.

²) Historia et Documenta Joh. Hus. p. 35.

³) Löscher 3, 372 ff. Ganz ungenau Wiedemann a. a. O. S. 111 ff.

⁴) Löscher 3, 384. Ganz falsch Wiedemann a. a. O. S. 113 gerade das Gegentheil: „Dann sprach er auf deutsch, den Primat der Päpste jure divino (?!!) bestreite er gar nicht.

⁵) Löscher, a. a. O. 389. Consentio cum DD. quod Conciliorum statuta in iis, quae sunt fidei, sunt omni modo applectenda. Hoc solum mihi reservo, quod et reservandum est, Concilium aliquando errasse et aliquando posse errare, praesertim in iis, quae non sunt

die Concilsbeschlüsse in dem, was zum Glauben gehört, in jeder Weise annehmen müsse, jedoch unter dem Vorbehalt, daß die Concilien bisweilen geirrt haben und bisweilen irren können, besonders in dem, was nicht Sache des Glaubens ist. Auch hat das Concil nicht das Recht, neue Glaubensartikel aufzustellen. Durch diesen letzten Satz werden eigentlich die früheren wieder aufgehoben. Denn was heißt es zu sagen, man müsse die auf den Glauben bezüglichen Beschlüsse annehmen, und zugleich dem Concil die Berechtigung abzusprechen, solche Bestimmungen aufzustellen? Aber auch schon jenes „besonders in dem was nicht Sache des Glaubens ist", giebt die Möglichkeit eines Irrthums in Glaubenssachen zu. Der Consensus mit Eck, den Luther hier behauptet, ist also nur ein scheinbarer, von Seiten Luthers hervorgegangen aus einer gewissen Unsicherheit, die sich noch scheute, mit dem allseitig anerkannten höchsten Tribunal der Kirche zu brechen. — Wenn ein Concil nicht Macht hat, neue Glaubensartikel aufzustellen, was ist dann überhaupt seine Aufgabe? Aus späteren Aussagen (wie z. B. im Sermon vom Abendmahl) läßt sich entnehmen, daß Luther ihm in dieser Zeit die äußere Ordnung des Kirchenwesens, die Predigt, Verwaltung der Sacramente ꝛc. zugewiesen habe. Daß er schon hier wie zwanzig Jahre später in seinem Buche: „Von den Concilien und Kirchen", dem Concil das Recht abgesprochen habe, neu: Artikel aufzustellen, weil es nur seine Sache sei, neue d. h. unerhörte zu dämpfen und zu verdammen, ist wohl nicht anzunehmen.

Jedenfalls bleibt es auffallend, daß Eck nicht weiter auf jenen vermeintlichen Consensus eingegangen ist, zumal Luther seine Reservation dadurch motivirt, daß ein Concil, welches selbst natura sua nicht jus divinum sei, auch kein göttliches Recht aufstellen könne, und Nichts häretisch sei, was nicht gegen das göttliche Recht sei.[1]

fidei. Nec habet Concilium autoritatem novorum articulorum condendorum in fide, alioqui tot tandem habebimus articulos, quot hominum opiniones. Gerade ein Jahr früher hatte Luther in den resolutiones de indulgentiis dem Concil allein das Recht zuerkannt, novos articulos fidei condere. Vgl. Löscher II, S. 231.

[1] Ebenso andere Kurfürsten De W. I, 311. Concilium est jus humanum und mag nicht jus divinum machen ex non jure divino.

So viel war aber wenigstens durch die Betonung des Constanzer Concils von Seiten Ed's gewonnen, daß Luther zugeben mußte, wenn jene Artikel wirklich mitverurtheilt worden seien (wie Ed mit Recht behauptete), dann habe das Concil allerdings geirrt. Dies war der einzig wirkliche Triumph, den Ed davon getragen hatte, aus dem Gegner eine unbestreitbare Häresie herausgelockt zu haben, die für ihn verhängnißvoll werden sollte. —

In den Berichten über die Disputation und in den nächsten Briefen Luthers finden wir dieselben Schwankungen, wie in den Tagen von Leipzig. An Spalatin schreibt er unterm 20. Juli 1519[1]), „ich habe offen bekannt, daß einige Artikel unrechtmäßig verurtheilt worden sind", und einen Monat später in seinem Rechtfertigungsschreiben will er nicht zugeben, daß er das Constantiense verleugnet, während er sich doch bemüht, den Irrthum desselben nachzuweisen. Wie unangenehm ihm auch die ganze Erörterung ist[2]), Gegner und Freunde zwingen ihn, sich immer mehr mit diesem Gegenstande zu beschäftigen, und unter allen Schwankungen vertieft sich doch seine Begründung: daß die Concilien sich in Wahrheit widersprechen, zeigt eine Vergleichung des Basiliense und Lateranense (dem er jetzt überhaupt eine größere Beachtung schenkt), welches letztere das Baseler Concil verdammte und auch dem Constanzer ein gut Theil seiner Autorität nahm. Wenn es sich nun darum handele, welches von zwei sich widersprechenden Concilien vorzuziehen sei, z. B. das Nicaenum und Constantiense in Betreff des primatus papae, so doch gewiß das ältere.[3]) Auf dem Constanzer Concil hat man „Contraria gehandelt, verdampt den Artikel Primatus non est jure divino und doch determinirt, das Concilium sei über dem Papst", — „Also wenn Primatus jure divino des Papsts wäre, so gebührt dem Concil nicht über sich zu greifen und den Papst als einen Unterthanen abzusetzen." — „Und ist der Papst über alle Christen und die römische Kirche über alle Kirchen: so ist er gewiß auch über das Conci-

---

[1]) De W. I, 286.
[2]) An Emser schreibt er: Num quid ibi (Lipsiae) de auctoritate Conciliorum tractatum est? Löscher 3, 686.
[3]) De W. I, 301 ff.

lium, das nichts anders ist denn alle Kirchen."[1] Wie schon in Leipzig legt er ein Hauptgewicht auf den Widerspruch mit jenem allerheiligsten Nicäner Concil. Ist der Primat wirklich göttlichen Rechts, dann sind die Nicäner Väter, die denselben nicht anerkannt haben, Ketzer.[2] Die höchste Instanz ist und bleibt aber die Schrift. Man soll Papst und Concilien verleugnen zur Rettung der Schrift. Aus dieser ergibt sich auch, daß Potestas Papae servitus est, non dominium. Darum ist auch die Universität Paris, jene allerchristlichste Universität zu loben, die sich jener Herrschsucht widersetzt. Möchten es nur Alle so machen![3] Hieraus zieht Luther auch die weitere Folgerung, daß den Bischöfen überhaupt weder majoritas noch potestas zukommt, sondern servitus et ministerium.[4]

Die Schrift hatte auch Eck als normativ angenommen, wenn auch nur nach der überlieferten Auslegung und bei der Frage vom Fegefeuer machte er ausdrücklich eine Stelle im zweiten Makkabäerbuche geltend (2. Makk. 12, 43 ff.). Dies verwarf Luther als

---

[1] De W. I, 314 ff. Hiernach würde Luther schon hier eine Repräsentation auch der griechischen Kirche in einem Concil verlangen, in Uebereinstimmung mit der Stellung, die er Eck gegenüber zu ihnen eingenommen hat.

[2] So auch an Emser: Stat enim stabitque semper Nicaenos patres cum universali ecclesia esse haereticos si Rom. Pontificis primatus sit juris divini, qui contrarium statuerunt articulo Constantiensis Concilii in quo unicum erat illius robur, quod tamen, quid valuerit et tunc satis ostendi et adhuc satis potero ostendere, nec enim Concilium Nicaenum in omnibus huc pertinentibus articulis est discussum. Löscher 3, 687.

[3] Hinc multis nominibus commendanda est universitas Christianissima Parrhisiensis, quae plus principia omnium veritatis et dominantis in Ecclesia verbi quam servientis potestatis per verbum constitutae cura sollicita, Leoni decimo, vel potius sub nomine Leonis X. adulatoribus furentibus appellatione interposita resistit coram omnibus sicut Paulus Petro Gal. II. Atque utinam isto Christianissimo exemplo ita facerent singuli episcopi, abbates, pastores, principes, magistratus, denique singuli Christiani, quoties ex urbe sub nomine Papae viderent monstra adversus Evangelium Christi prodire. Löscher 3, 690.

[4] Löscher 3, 691.

unkanonisch und löste sich auch hiermit von einer hergebrachten kirchlichen Anschauung. Die Zugehörigkeit zum Kanon, sagt er, hat nicht die Kirche zu bestimmen. Die Kirche kann einem Buche nicht mehr Ansehen verleihen, als es schon in sich hat.¹) Die Schrift ist alleinige Richtschnur, nur muß der Theologe, wenn er nicht irren will, sich die ganze Schrift vor Augen stellen und contraria contrariis conferre.²)

Trotz aller dieser Aeußerungen glaubt Luther doch noch ganz auf dem Boden der römischen Kirche zu stehen und betheuert es allenthalben.³) Uebrigens war es keineswegs der einheitliche Organismus, der ihn so lange festhielt — wollte er doch gern den Griechen ihre eigenthümlichen Gebräuche lassen — sondern die Ueberzeugung, daß die Einigkeit im Geiste, der Consensus in den den Glauben betreffenden Artikeln noch vorhanden sei. Auch verbietet die christliche Liebe, sich von Rom zu trennen, wie schlecht es dort auch stehen mag.⁴) Nicht die Uniformität, aber die Einigkeit der Kirche

---

¹) Ebendas. 3, 415.

²) Ebendas. 458. Ueber Luthers oft sehr subjective Stellung zur Schrift vgl. Romberg, die Lehre Luthers von der heiligen Schrift. Wittenberg 1868 bes. S. 22 ff. u. S. 34.

³) So in der Widmung des Galaterbriefes an die Wittenberger Collegen: Nullo modo ergo Romanae Ecclesiae resistere licet. — — Haec verbosius forte et liberius: verum propter eos, qui cum illusoribus illis sine fine illudunt Christum, coactus sum me ipsum exponere, ut sciant sese errare, quando me a Romana Ecclesia alienum clamant, qui durissime diligo non modo Romanam sed totam Ecclesiam Christi, deinde quod certus sum aliquando moriendum esse et in adventu Domini nostri Jesu Christi rationem reddendam etc. De W. I, 334.

⁴) Unterricht auf etlich Artikel: „Ob es nun leider zu Rom also stehet, daß wohl besser tüchte, so ist doch die und kein Ursach so groß, noch werden mag daß man sich von derselben Kirchen reissen oder scheiden soll, denn durch abreissen oder verachten wird es nicht besser. — Ja umb keinerley Sünde oder Ubel, das man gedenken oder nennen mag, die Liebe zu trennen und die geistliche Einigkeit theilen. Denn die Liebe vermag alle Dinge.

ging ihm noch über Alles. Aber diese Kirche, die er im Sinne hatte, die communio sanctorum war doch schon etwas ganz anderes, und wenn Luther sie auch hier noch nicht ausdrücklich als „invisibilis" faßt, so kann er sie doch kaum anders gedacht haben, was wir bald bestätigt finden werden.

III.

Der Einfluß der Freunde und Anhänger und die großen Reformationsschriften.

Wir haben bisher, um Luthers Stellung zum bestehenden Kirchenthum zu verstehen, außer seinen Schriften nur seine Gegner in den Kreis unserer Betrachtung gezogen, so fern sie Luther in der Entwicklung seiner Ideen förderten. Mit der Leipziger Disputation kommt aber ein neues Moment hinzu, der sich täglich mehrende Anhang, dessen Rückwirkung auf Luther nicht unterschätzt werden darf. Der Wittenberger Kreis zwar, seine nächste Umgebung, auch Karlstadt in dieser Zeit, wirkte eher mäßigend und dämpfend auf ihn als fördernd. Doch hatte sich die Aufmerksamkeit der ganzen Welt auf ihn gewandt. Er war ein populärer Mann geworden, noch ehe er es zu werden wünschte. Der Buchhändler Froben in Basel[1]), der berühmte Verleger des Erasmus, bezeugte ihm, daß seine Schriften in Spanien und Frankreich, in England und in Brabant sehr viel gekauft und von den meisten Gelehrten günstig beurtheilt würden. Solche Nachrichten mußten Luther ermuthigen, mußten in ihm eine größere Festigkeit hervorrufen, die sich auch bald erkennen läßt.[2])

Mit großer Entrüstung hatte er in Leipzig irgendwelche Be-

---

[1]) Bei Walch XV, 1631. Vgl. hierzu Plitt, Einl. in die Augustana 160 ff. Op. varii argum. IV, 82 f.

[2]) So schreibt er an Emser: Denique veniunt ad manus meas quottidie ex diversis mundi partibus eruditissimorum virorum literae gratulantium veritati et id unice timentium, ne felicibus coeptis tua et tui similium persecutione vexatus desim et palinodiam canam.

ziehungen zu den Böhmen zurückgewiesen. Jetzt konnte er sie schon nicht mehr leugnen und er bekennt offen Eck gegenüber, daß er schon mehr Artikel des Huß aufrecht erhalte als zu Leipzig.[1]) Daß man dies in Böhmen zu würdigen wußte, beweisen die Briefe zweier Prager Geistlichen an ihn, Johann Pabuschka und Wenzel Roßdalowicky[2]), in denen sie ihm unter Anderm sagen, daß man für ihn aufs innigste in Böhmen bete, er sei in Sachsen, was Huß in Böhmen gewesen sei — und Luther hat das nicht zurückgewiesen. Zugleich schenkte man ihm die Schrift des Hus über die Kirche, die er noch nicht kannte. Ohne von dem Böhmen vielmehr zu wissen als ein paar einzelne Sätze, war er — worauf wir anmerkungsweise mehrfach hingewiesen haben — zu fast gleichen Anschauungen gekommen, und jetzt bei der Lectüre dieses Buches wurde es Luther jemehr und mehr klar, daß der Standpunkt, auf dem sie beide standen, im Grunde derselbe war. Diese Entdeckung mag zuerst, wie wir aus seinen Briefen[3]) ersehen können, für Luther erschreckend gewesen sein; aber bald siegte doch die Freude über den neuen Zeugen der Wahrheit, dessen umsichtige und gelehrte Beweisführung ihn hauptsächlich in seiner Anschauung von der Kirche bestärkte. Er ergreift auch gleich die erste beste Gelegenheit, um sich hierüber auszulassen: In seinem Psalmencommentar knüpft er an Pf. 16, 4 eine lange Erörterung über die Kirche (anschließend an das Wort congregabo in der alten Uebersetzung Non congregabo conventicula eorum de sanguinibus), die ganz aus Huß tractatus de ecclesia entnommen ist, Ecclesia universalis est praedestinatorum universitas, sie ist nichts Anderes quam congregatio spiritualis hominum (ein Ausdruck des Hus, den Luther bisher nicht gebraucht hat) non in aliquem locum sed in eandem fidem, spem et charitatem spiritus[4]), von der Kirche kann einzig und allein gesprochen

---

[1]) In der Erwiderung auf Eck's expurgatio bei Löscher II, 356.
[2]) Bei Löscher III, 649. Vgl. Lechler, Joh. Wiclef II, 514. Die Antwort darauf ist von Melanchthon verfaßt worden, Köstlin a. a. O. I, 287 meint des Stiles wegen. Sie scheint nicht erhalten zu sein.
[3]) cf. De W. I, 425 u. öfter.
[4]) Luth. op. exeg. vol. XV, 357.

werden, als von einer solchen, welche glaubt.¹) Daß die Kirche nicht örtlich zu fassen, und daß die römische Ansicht von der Kirche falsch ist, sagt Christus ja selbst in dieser Psalmstelle.²) In Leipzig habe er den Sinn der Husitischen Artikel nicht verstanden, wenn er auch ihre Worte für sehr christlich gehalten habe, und habe sie darum nicht ordentlich vertheidigen können, nun aber im Besitz des Buches von Hus³) sehe er, daß auch ihr Sinn sehr christlich ist. Und wenn das Constanzer Concil sie verurtheilt habe, so sei es in diesem Punkte ein conciliabulum Satanae gewesen, weßhalb er in der leidenschaftlichsten Weise die, welche diesem Concil beigestimmt haben, oder es noch thun, sei es der Papst, Bischöfe, Könige oder wer nur immer verdammt.⁴) „Was heißt Papst? Was Welt? Was Fürst dieser Welt? Daß ich um seinetwillen die Wahrheit des Evangeliums, für die Christus gestorben ist, verleugnen sollte? Es sei wohlauf, wer wohlauf ist, es gehe zu Grunde, wer zu Grunde geht, ich werde mit Gottes Hilfe immer so denken."⁵)

Aus diesem Kirchenbegriff folgert Luther übrigens ebenso wenig als Hus das allgemeine Priesterthum, obwohl damit doch schon der Wegfall des Priesterbegriffs gegeben war. Doch finden wir am Ende des Jahres 1519 in einem Briefe an Spalatin⁶) die ersten

---

¹) Malach. I.: „qui enim crediderit, salvos erit, qui non crediderit, condemnabitur." Ita videmus ecclesiam prorsus non posse dici nisi eam, quae credit. Ebendas. XV, 366.

²) Christus dicit se non congregare eos, qui sunt ex sanguinibus, sicut Joh. I. dicitur: Qui non ex sanguinibus neque ex voluntate viri sed ex Deo nati sunt etc. Ebendas. 356.

³) At nunc cum existet Johannis Huss liber, ex praecedentibus et sequentibus video et sensum eorum esse christianissimum. 359.

⁴) Ecclesia univ. est. praed. univ. et eos qui ex hoc sequuntur dicoque et protestor eos fuisse impie damnatos, conciliumque Constantiense, quantum in hanc partem fuisse conciliabulum Satanae, dum eos damnavit. Damno, excommunico, devito, detestor omnes, qui huic concilio affuerunt et consenserunt, aut adhuc consentiunt, sive sit Papa, episcopi, reges aut quicunque dehinc, ne sanguine innocenti polluar. Ebendas.

⁵) Ebendas.

⁶) Valde me urget Petrus Apostolus 1 Petr. II. dicens, nos om-

Spuren dieser Lehre, welche die großen Schriften des Sommers 1520 voraussetzen. —

Den humanistischen Bestrebungen hatte Luther Anfangs ebenso ferne gestanden, als die Humanisten bei Luthers Auftreten nichts Besonderes, ihren Anschauungen Verwandtes in ihm zuerkennen vermochten. Ohne großes Verständniß dafür fürchtete Luther vielleicht auch in dem deutschen Humanismus jene nichts weniger als christliche Tendenzen, die bei den Italienern vor Aller Augen lagen. In diesem Verhältniß wurde durch die Leipziger Disputation, durch Melanchthons Aufenthalt in Wittenberg und Freundschaft mit Luther Vieles geändert, und Luther lernte in Melanchthon einen Humanisten schätzen, der mit inniger Liebe am Evangelium hing und die factio Reuchliniana[1]) mußte jetzt in Luther einen Kämpfer gegen mönchische Barbarei erblicken, zumal als der alte Ketzermeister Hoogstraten sich einmischte. Die ersten Anknüpfungen und Sympathiebezeugungen gingen unstreitig von den Humanisten aus, man erinnere sich an die Adelmann, Oekolampadius, Wilibald Pirkheimer, Lazarus Spengler und Andere. Aber Luther konnte auch nicht umhin einzusehen, daß die festgeschlossene Partei dieser Männer groß genug war, um mit ihr rechnen zu müssen, daß der Schutz, den ihre Freundschaft zu geben versprach, nicht minder zu schätzen sei, als die Verfolgung bei ihrer Feindschaft zu fürchten war. Und daß es jetzt bei dem immer stärker werdenden Wüthen Eck's und Roms darauf ankam, nicht allein zu stehen, sondern mächtige Bundesgenossen zu werben, das war klar, wenn er anders die von ihm begonnene Sache, die schon nicht mehr die seine allein war, nicht fallen lassen wollte. Erwägungen freilich, wie sie heutige Geschichtsschreiber etwa machen, wie weit er im Stande sein würde, trotz der Verbindung mit andern selbstdenkenden und handelnden Menschen seine eigenen Ideen rein zu entwickeln, jene Sonderinteressen dem religiösen Gedanken

---

nes esse sacerdotes: idem Johannes in Apocalypsi: ut hoc genus sacerdotii, inquo nos sumus, prorsus non differre videatur a laicis, nisi ministerio, quo sacramenta et verbum ministrantur. De W. I, 378.

[1]) Brief des Joh. Heß an Pirkheimer. (Heumann doc. literaria p. 177.)

dienstbar zu machen u. dgl., mußten Luther um so ferner liegen, als er ein Mann der That und des schnellen Wortes selten die Tragweite einzelner Handlungen bei ihrem Beginn zu überschauen vermochte. —

Dem alten Reuchlin gegenüber, dem er unter den Ausdrücken der höchsten Verehrung schon im Dezember 1518 schrieb, war es nicht schwer, den rechten Ton zu finden. Ganz anders war es mit Erasmus. Auch um diesen zu werben (anders können wir es kaum nennen), muß Luther sehr schwer gefallen sein, wenn er der früheren tadelnden Aeußerungen über ihn vom 1. März 1517 und 18. Jan. 1518[1]), die er Lange gegenüber gethan, gedachte. Und wenn auch ein gut Theil der in diesem Briefe hervortretenden Ueberschwänglichkeit im Lobe des Erasmus auf Rechnung der allgemeinen Sitte der Zeit zu setzen ist, so wird man Luther doch kaum von einer gewissen Unehrlichkeit in dieser Sache, um nicht zu sagen Schmeichelei freisprechen können[2]), die sich bei seinem offenem Character nur in Hinsicht auf den Zweck erklären läßt. Wie zweideutig, ja heuchlerisch auch Erasmus darauf antwortete[3]), so hatte doch seine Erwiderung keinen geringen Einfluß auf viele Schwankende, und Luther selbst fühlte sich dadurch ermuthigt, indem er das Unsichere in Erasmus Aeußerungen ganz übersah; auf die Länge war von ihm freilich Nichts zu hoffen, das zeigten die zurückhaltenden Reden an Andere über Luther besonders nach der Disputation. Weit wichtiger sollte die Verbindung mit den jüngern Häuptern des Humanismus sein. Bevor wir jedoch hierauf näher eingehen, müssen wir erst einen Blick auf Luthers schriftstellerische Thätigkeit in jener Zeit werfen.

Das Jahr 1519 hat eine Menge Tractate aufzuweisen, meist

---

[1]) De W. I, 52. 88.
[2]) Der Brief De W. 1, 247. Auch von Köstlin wird zugegeben, daß Luther nicht die ganze Wahrheit gesagt habe. Köstlin, a. a. O. I, 285.
Durand de Laur, Erasme. Paris 1872 I, 249. Il y avait dans cette lettre un singulier mélange d'humilité et d'orgueil, que recouvrait un voile de haute mysticité.
[3]) Stichart, Erasmus v. Rotterdam. Leipz. 1870. S. 308. Vgl. ferner Moser, de Erasmi Rotterdami studiis irenicis. Paderb. 1872. p. 20 sqq.

erbaulichen Inhalts, in denen das Schriftprincip immer mehr zur
Geltung kommt und die Werkgerechtigkeit mit Allem, was daran
hängt, bekämpft wird. So ging die Trennung von der überlieferten
Glaubenslehre Hand in Hand mit der Loslösung von der Hierarchie.
Dabei bleibt in Sachen des Kultus, wie z. B. in der Frage über
den Laienkelch, das Concil noch immer als höchste entscheidende In=
stanz bestehen — freilich mußte es ein anderes sein als das La=
teranense. So sprach Luther in seinem Sermon vom hochwürdigen
Sacrament den Wunsch aus, daß ein gemein Concil wiederum ver=
ordne, daß man allen Menschen beiderlei Gestalt gebe. Darauf
wurde in einem Beschlagnahmedecret des Meißner Bischofs, darauf
hingewiesen, daß dies gegen die Beschlüsse des jüngsten Concils ver=
stoße. Luther spottet darüber, daß man keinen andern Grund dafür
aufbringe, „denn das letzt römische Concilium, das noch nicht zehen
Jahr alt von vielen zu Rom selbs für nichts gehalten, auch in deut=
schen und allen Landen wenig Ehre erlangt hat"; denn wenn der
Bischof sich auf das Lateranconcil berufe, so gebe er den Böhmen
hundert Jahre lang Recht.[1]) Aber auch hier verwirft er es, daß
die Böhmen sich um dieser Sache willen von der Kirche getrennt
hätten.

Die Lehre von der Kirche weiter auszubilden, gab der Streit mit dem
Franziskanermönch Augustin aus Alfeld (gew. Aug. Alveld genannt)
Gelegenheit, der ihn von Leipzig aus in einer Schrift über den apo=
stolischen Stuhl[2]) angriff und mit großer Anmaßung und noch grö=
ßerer Grobheit das göttliche Recht des päpstlichen Stuhls vertrat
und jeden Leugner desselben zum Ketzer stempelte. Erst als diese
Schrift, über die Luther anfangs nur gespottet, ins Deutsche über=
setzt wurde, und so Gefahr vorhanden war, daß ihre falschen Lehren

---

[1]) Erklärung Dr. Luthers etlicher Artikel in seinem Sermon von dem
heiligen Sacrament Erl. A. 27, 71 f.: „Ich hab nit gesagt noch ge=
rathen, ist auch nit meine Meinung, daß ein oder etlich Bischof von eig=
ner Gewalt sollten anheben, beide Gestalt Jemand zu reichen, es würd
denn also gesetzt und befohlen durch ein gemein christlich Concilium."
Ebenso inbetreff der Cölibatsfrage. 27, 77.

[2]) Super apostolica sede an videlicet divino jure sit nec ne etc.
Bei Seckendorf I, 106 ff.

in's Volk übergingen, entschloß sich Luther, eine geharnischte Entgegnung zu schreiben: „Von dem Papstthum zu Rom wider den hochberühmten Romanisten zu Leipzig."¹) Die Schrift, sagt Luther, nennt²) die Christenheit eine Versammlung aller Christgläubigen auf Erden, d. h. aller derer, die im rechten Glauben stehen und in der rechten Hoffnung und Liebe. Ob sie gleich räumlich von einander getrennt sind, so haben sie doch eine geistliche Einigkeit. Die römische Kirche kann jene Kirche, von der im Symbol die Rede ist, an die man glaubt, nicht sein, denn sie ist ja sichtbar.³) Die Zeichen aber, an denen man die unsichtbare geistliche Kirche erkennen kann, sind die Taufe, Sacrament (des Altars) und das Evangelium. Diese Kirche, die mit dem Reiche Gottes identisch ist,⁴) kann natürlich kein leibliches Haupt haben, denn ein solches zu verlangen, hieße nichts anderes, als sagen, „daß die Seele müßte haben ein leiblich Haupt."⁵) Aus diesem Kirchenbegriff folgert Luther des Weiteren mit Recht, daß in der römischen Kirche sein noch nicht heißt, im Glauben stehen, ebenso wenig als Jeder, der außerhalb derselben steht, als ungläubig bezeichnet werden kann. Wie verhält sich nun

---

[1] Erl. A. 27, VII.
[2] Wir setzen die Hauptstelle hierher: „Die erste Weise nach der Schrift ist, daß die Christenheit heißet ein Versammlunge aller Christgläubigen auf Erden; wie wir im Glauben beten: Ich gläub an den heiligen Geist, eine Gemeinschaft der Heiligen. Dies Gemeine oder Sammlung heißet aller der, die im rechten Glauben und Hoffnung, Lieb leben, also daß der Christenheit Wesen, Leben und Natur sei (nit) ein leiblich Versammlung der Herzen in einem Glauben, wie Paulus sagt. Ephes. (5). Ein Tauf, ein Glaub, ein Herr. Als ob sie schon sein leiblich von einander theilet tausend Meil, heißen sie doch eine Versammlung im Geist, die weil ein Iglicher prediget, glaubet, hoffet, liebet und lebet, wieder einander. S. 96.
[3] Denn was man gläubt, das ist nit leiblich noch sichtlich. Die äußerlich römische Kirche sehen wir alle, drum mag sie nit sein die rechte Kirche, die geglaubt wird, welche ist ein Gemein oder Sammlung der Heiligen im Glauben: aber Niemand sieht wer heilig oder gläubig sei. S. 104.
[4] S. 97.
[5] S. 100.

aber diese innere sichtbare Kirche zu der doch nicht abzuleugnenden äußern sichtbaren? Um dies zu veranschaulichen, gebraucht Luther das Bild von Leib und Seele, vom äußern und innern Menschen, ein Vergleich, der freilich insofern hinkt, als der Leib immer die Seele voraussetzt, während bei dem, welcher durch Benutzung der kirchlichen Gnadenmittel seine Zugehörigkeit zur äußern Kirche zu erkennen gibt, noch nicht gesagt werden kann, daß er darum zur unsichtbaren Kirche gehört, da das dritte Erkennungszeichen, der die andern erst zu dem macht, was sie sein sollen, der Glaube, ja nicht sinnlich wahrgenommen werden kann. Luther gibt auch zu, daß man nie wissen kann, wer zur unsichtbaren Kirche gehört, behauptet aber, daß man an Taufe, Sacrament und Evangelium erkennen kann, wo jene unsichtbare Kirche in der Welt sei.[1]) Obwohl also die Zugehörigkeit zur sichtbaren Kirche, speciell zu der römischen für die Seligkeit irrelevant ist, so räth Luther doch, dem Papst, den er mit dem bösen Knecht (Matth. 14, 48—51) vergleicht, „nicht zu widerstreben, sondern göttlichen Rath zu fürchten, dieselbe Gewalt in Ehren zu halten", indem er hinzusetzt, „gleich als wenn der Türk über uns wäre, so kann sie ohne Schaden sein."[2])

In dieser Schrift lassen sich übrigens schon die Vorboten des gewaltigen Sturmes erkennen, der in wenig Wochen hervorbrechen sollte. Rom ist Luther schon der Inbegriff alles Schlechten, dort handelt es sich blos um Geld, und wenn etwas Geld gilt, so ist es göttlicher Ordnung.[3]) „Mich wundert", sagt er, „daß Deutschland, daß ja die Hälft (so nit mehr) geistlich, noch einen Pfennig hat, für den unaussprechlichen, unzähligen, nnerträglichen römischen Dieben, Buben und Räubern," und weiter unten: „Weren das die deutschen Fürsten und der Adel nit mit tapferm Ernst in der Kurz darzuthun, so wurd Deutschland noch wüst werden, oder sich selb fressen müssen." Doch bald sollte er noch schärfer sprechen; das führt uns zu den großen Reformationsschriften des Jahres 1520 und zu jenen beiden

---

[1]) Was will es aber sagen, wenn Luther bei alle dem noch von einem Concil spricht?
[2]) S. 136.
[3]) S. 90 ff.

Männern, die einen nicht unbedeutenden Einfluß darauf gehabt haben, zu Crotus und Ulrich von Hutten.

Die Bekanntschaft des Crotus Rubeanus[1]) mit Luther schrieb sich schon von dessen Erfurter Aufenthalt her, doch ist kaum anzunehmen, daß eine sehr intime Freundschaft zwischen beiden Männern damals stattgefunden hat, wenn auch Crotus, wie aus seinen Briefen zu ersehen[2]), sich einzelner Schicksale im Leben Luthers erinnert und sich seiner damaligen Sinnesart noch dunkel erinnert. Denn Luther, dessen humanistische Bildung ursprünglich gewiß eine sehr geringe war, und der sich damals wenig oder gar nicht um die die Zeit beherrschenden Fragen kümmerte, stand dem Kreise des Mutian jedenfalls ziemlich fern. Wunderbar genug wurde Crotus gerade in Italien mit Luthers Schriften bekannt. Sofort war er Feuer und Flamme für den Mann, der so kühn den gemeinsamen Gegnern den Fehdehandschuh hinwarf, wie die Humanisten bisher es kaum gewagt hatten. Zugleich wurde er aber auch mächtig von der Tiefe der neuen religiösen Anschauungen ergriffen, und er erfaßt dieselben wie kaum ein Andrer in jener Zeit.[3]) Er widmet seine ganze Thätigkeit der Lutherschen Sache, um das „Schwert der Schrift" oder „des heiligen Geistes" zu schwingen. Durch seine vielfachen Bekanntschaften unter den Beamten der römischen Kurie gelang es ihm, Manches von den römischen Plänen gegen Luther früh zu erfahren, dessen Mittheilung für diesen von der höchsten Wichtigkeit war. Er gibt an, daß er es gewesen sei, der Rom von einem voreiligen Spruche

---

[1]) Kampschulte de Croto Rubeana Bonnae 1872. ferner derf. Die Universität Erfurt &c. Trier 1858 ff. Bd. II. S. 43 ff. Strauß, Ulrich von Hutten.

[2]) Vgl. die Erinnerung an den Blitzstrahl vor den Thoren Erfurts. Böcking, Ulr. Hutteni opp. Tom. 1, 311 und später: Ego Martinum meum non satis prospectum habui ob tot annis intermissam consuetudinem, eras in nostro quondam contubernio musicus et philosophus eruditus. Ebendas. S. 340.

[3]) Nusquam apud me in dubium vocabitur, quin quivis mortalium justificatus per fidem accessum habeat ad Deum. Exultent ipsi sua satisfactione, nos ubi fecerimus omnia, quae nobis mandata sunt adhuc servi inutiles sumus, nihil habentes quam quod gratis accepimus. Böcking 1, 339.

gegen den Wittenberger Mönch abgehalten habe, damit es nicht dieselbe Niederlage erleide, wie vor Kurzem bei der Kaiserwahl.¹) Aber auch in direkter Weise, durch vielfache satyrische Pamphlete und Flugschriften, suchte Crotus für Luther und gegen die Kurie zu wirken. Luthers Schriften verbreitete er soviel er konnte in Italien, ja sogar in Rom selbst.²) Sein Eifer für die Sache ging bald über Luther hinaus, jedenfalls sah er klarer als dieser, daß von Rom und überhaupt von der ganzen Hierarchie nichts mehr zu hoffen sei, und rieth hiernach zu handeln. Am wichtigsten ist hierfür der Brief vom 16. Oct. 1519.³) Ausgehend von der Erinnerung an den freundschaftlichen Umgang in Erfurt, versichert er ihm die wärmste Theilnahme, die er seit dem Auftreten des Freundes für diesen empfinde. Er habe sich viel Mühe in Italien und in Rom für die gute Sache gegeben, aber alle Hoffnung auf Rom sei vergebens, dort nehme der Papst die erste und Christus die letzte Stelle ein, und auf die Bibel könne Luther sich Rom gegenüber auch nicht verlassen; aus dieser Noth rette ihn allein seine Appellation an das Concil⁴), die Kurie sehe allein darauf, auf jede Weise Geld zusammenzuschlagen. Deutschland müßte seine Stimme erheben empört über die unglaublichen Beraubungen, die es unter der Maske der Frömmigkeit auferlegt bekomme. Dann nennt Crotus Luther den Retter, den Vater des Vaterlandes, der nur nicht wanken möge, unbekümmert um den Widerspruch streitsüchtiger Theologen, die er mit Verachtung strafen müsse. Wenn er erst ans Ziel gelangt sei, dann werde Deutschland seine Blicke auf ihn richten und mit Bewunderung Gottes Wort von ihm vernehmen.

Ein solcher Mann mußte Luther theuer sein, es war unmöglich, sich den Einflüssen seiner begeisterten Sprache zu entziehen.

---

¹) Ebendas. S. I, 307.
²) Kampschulte Univ. Erfurt II, 49.
³) Böcking I, 309.
⁴) Penes Rhomanam sedem, non scripturam stat judicium de victoria, haec enim ab illa Silvestro tuo teste auctoritatem sortitur. Sed ab hac difficultate salvum te servat provocacio tua ad tribunal generalis concilii. Ebendas.

Wir halten es darum für zweifellos, daß diese Äußerungen Luther nicht nur in seinem Muthe befestigten, sondern ihn auch weiter forttrieben zum letzten Entscheidungskampfe, ja theilweise seinem Denken und Handeln neue Richtungen gaben,[1]) ohne daß sich darum sagen ließe,[2]) daß Luther um dieser Beziehungen willen von der evangelischen Wahrheit abgewichen sei. Wie der nationale Gedanke, dem wir hier bei Crotus begegnen, in Luther erst jetzt recht Wurzel faßte, während sich vorher nur einzelne Äußerungen dafür anführen lassen, so war es auch mit jenem andern von Crotus hervorgehobenen Gesichtspunkte, daß das Disputiren bei der bekannten Streitsucht der Theologen zu Nichts führe (was auch schon Mosellan geäußert hatte).[3]) Wenn das Ziel, der Sieg der Wahrheit, durch den Kampf mit den Theologen nun nicht erreicht werden konnte, wie dann? Wenn eine Reformation der Kirche von oben, durch die Hierarchie, wie es jetzt schon klar war, nicht zu ermöglichen war, — dann von unten, durch die Laien. Noch in seinem öfters angeführten „Unterricht etlicher Artikel" vom März 1519 hatte er die vorliegenden Streitigkeiten blos den Theologen zugewiesen, als denen, die eben in geistlichen Dingen allein zu urtheilen verständen; indessen bei seinem jetzigen Kirchenbegriff mußten auch die Laien Sitz und Stimme haben und, so kann es nicht verwundern, wenn Luther nach der Leipziger Disputation mit allem Nachdruck darauf bringt,[4]) daß zu dem Entscheidungsurtheil nicht blos die Theologen der betreffenden Universitäten, sondern auch die Juristen, Artisten und Mediciner hinzugezogen würden. Darum

---

[1]) Köstlin a. a. O. S. 283 verhält sich ablehnend hierzu, obwohl er sich etwas unbestimmt ausdrückt.

[2]) Wie Vorreiter a. a. O.

[3]) Seckendorf I, 91.

[4]) So schreibt er an den Kurfürsten Friedrich am 18. Aug. 1519: Ed will nun allein die Theologen zu Richtern haben, weigert die Legisten, Aerzte, Artisten. So sehr fürcht sich die Eckische und Leipzigische Wahrheit, daß sie allein in der Theologen Winkel kreucht, die sie meist wider uns sein, und schmückt sich das Rätzlein, als seien die Theologen der Sache allein verständig, die andern unverständig. Ich will aber die ganze Universität haben, nicht allein die Theologen. De W. I, 320.

schreibt er jetzt in deutscher Sprache, für das einfältige Volk, um es für die Wahrheit und damit auch für sich zu gewinnen.¹) Das Volk — natürlich nicht im Gegensatz zum Fürsten oder gar zum Kaiser, sondern diese vielmehr mit inbegriffen. Im Kaiser hat Luther immer nach mittelalterlichem Begriff das Haupt, den Schutzherrn der Christenheit sehen wollen. Mit den Humanisten setzte er auf den neuen Kaiser, „das edle Blut", den jungen Kaiser Karl, große Hoffnungen auch für die arme Kirche. Er versucht es, ihn ins Interesse zu ziehen, indem er sich unterm 15. Januar 1520 in einem demüthigen Schreiben an ihn wendet, worin er sich mit Athanasius, den Kaiser mit Constantin vergleicht und ihn bittet nicht zuzulassen, daß er ungehört verurtheilt würde.²) Und schon im Herbst 1519³) hatte Luther versucht darzuthun, daß seine Sache auch die Sache der Fürsten sei, und daß auch sie das letzte Concil verworfen hätten. Seine Beschwerden seien ja die der deutschen Nation, die auf systematische Weise von Rom ausgeplündert würde, das hätten auch die Fürsten auf dem Reichstag zu Augsburg anerkannt.⁴) Denn wie hätten sie sonst den Zehnten u. s. w. verweigern können, der wie sie wußten in jenem allerheiligsten römischen Concil auferlegt worden war und durch so bedeutende Legaten des apostolischen Stuhles gefordert wurde, wenn sie nicht eingesehen hätten, daß dies nicht ein Decret der römischen Kirche, sondern eine Erfindung der römischen Kurie sei? Sie nahmen eben an, daß Concil und Papst geirrt habe.⁵)

---

¹) So schreibt er in der Schrift von dem Papstthum zu Rom: „Ich lasse mir die Ursach willkommen sein von der Christenheit etwas für die Laien zu verklären." Erl. A. 27, 88.

²) De W. I, 393.

³) De W. I, 333. In der Widmung des Galaterbriefes.

⁴) Vgl. die Beschwerden der deutschen Nation auf dem Reichstage zu Augsburg im Jahre 1518, bei Walch XV, 550.

⁵) Schon hier scheint die Schrift: Exhortatio viri cujusdam doctissimi ad principes, ne in Decimae praestationem consentiant, die auf Luther großen Eindruck gemacht hatte, von Einfluß gewesen zu sein. cf. De W. I, 140. Die Schrift bei Böcking, drei Abhandl. über reformations-geschichtliche Schriften. Leipzig 1858. S. 15—26.

Ähnliche Äußerungen waren damals nicht gerade selten, ihr eifrigster Vertreter Ulrich von Hutten. Es ist bekannt, wie Hutten schon seit Jahren seine Feder dem unausgesetzten Kampfe gegen Rom lieh, gegen Rom, den Inbegriff alles Schändlichen und Lasterhaften, von dem wie von einer Pesthöhle das Verderben über alle Lande ausging, und welches, wie Hutten meinte, ganz besonders die kläglichen Verhältnisse verschuldet hatte, an denen das deutsche Reich dermalen krankte, und von denen die deutsche Ritterschaft nicht das Wenigste zu leiden hatte. Und diese deutsche Ritterschaft, deren Güter die Geistlichkeit verpraßte, war doch nach Huttens Anschauung der Kern und Stern des Reiches, besonders wenn sie, wie es bei Hutten selbst der Fall war, und wie es bei Sickingen durch seine Bemühungen zu werden anfing, im Bunde mit der Wissenschaft stand, für diese und für Recht und Gerechtigkeit ihre Stimme erhob und ihr Schwert zog, um das deutsche Reich wieder zu Ehren zu bringen. Das waren so etwa in kurzen Worten Huttens ideale Anschauungen. — Wie sein „Los von Rom", die Befreiung vom römischen Joche sich vollziehen sollte, darüber ist er sich wohl nie ganz klar geworden. Zunächst hofften er und die Seinigen Alles vom Kaiser. Diesem sollten die Augen aufgethan werden, damit er erfahre, unter welcher Gut und Blut, Recht und Sitte vernichtenden Abhängigkeit das Reich stände. Aber auch jeder Einzelne solle es erfahren, wie viel Rom ihm schon genommen habe, und was, wenn es so fort ginge, noch zu erwarten sei, um so den Groll zu vermehren und die Gemüther geneigter zu machen, das drückende Joch abzuschütteln.

Diese Aufgabe stellte sich Hutten und er hat sie redlich erfüllt in seinen zahlreichen volksthümlichen Dialogen und Pamphleten — ein wahrer Rufer im Streit. Ueberall suchte er Bundesgenossen zu werben, und können wir uns wundern, daß er nach der Leipziger Disputation, nach dem Bekanntwerden von Luthers Schrift de potestate papae ıc. in ihm einen natürlichen Bundesgenossen im Kampfe gegen Rom sehen mußte? Und nur als solchen betrachtete ihn Hutten anfangs. Die tieferen religiösen Anschauungen, die Luthers Handeln zu Grunde lagen, sind ihm, wie Kampschulte mit

Recht vermuthet,[1]) erst durch Crotus nach dessen Rückkehr aus Italien aufgegangen.

Als Hutten durch Melanchthon sich an Luther wandte[2]) und ihm den Schutz Sickingens anbot, hatte Luther gerade wenige Tage vorher ein Buch von ihm in die Hände bekommen, welches ihn in die höchste Aufregung versetzte.[3]) Es war die Schrift des Laurentius Valla über die Constantinische Schenkung, von Hutten jüngst neu herausgegeben. Der Ritter hatte sich hierdurch Luther gut empfohlen. Wie sollte er da seine Freundschaft zurückweisen! Auch konnte ihm das Anerbieten Sickingens gerade in seiner damaligen zweifelhaften Lage nur angenehm sein, da es ihm bei den fortwährenden lästigen Mahnungen zur Vorsicht und Zurückhaltung, die ihm von Seiten seines Fürsten zukamen, für alle Fälle einen Rückhalt gewährte. Und Luther hat die Möglichkeit, daß er eines solchen Schutzes bedürfen könnte, nie ganz außer Acht gelassen, wenn er auch augenblicklich auf das freundliche Anerbieten nicht einging. Bald darauf kamen auch die schon von Hutten angekündigten neuen Dialoge Vadiscus und Inspicientes nach Wittenberg.

Welchen Einfluß hat nun die Beziehung Luthers zu Hutten und Crotus auf seine gesammte Entwicklung gehabt? Diese Frage ist in letzter Zeit vielfach aufgeworfen und in der widersprechendsten Weise beantwortet worden. Meistentheils hat man mit Kampschulte (so auch neuerdings Maurenbrecher) angenommen, daß der Einfluß ein so bedeutender gewesen ist, daß der Luther, der uns in den großen Reformationsschriften des Jahres 1520[4]) entgegentritt, nur ein

---

[1]) A. a. O. II, 67.
[2]) Strauß, Ulrich von Hutten. II, 26.
[3]) Deus bone, quantae sunt tenebrae seu nequitiae Romanensium et: quod in Dei judicio mireris per tot secula non modo durasse sed etiam praevaluisse ac inter decretales relata esse tam impura, tam crassa tam impudentia mendacia inque fidei articulorum (ne quid monstrosissimi monstri desit) vicem successisse. Ego sic angor ut prope non dubitem Papam esse proprie Antichristum illum, quem vulgata opinione expectat mundus: adeo conveniunt omnia quae vivit, facit, loquitur, statuit. An Spalatin De W. I, 420.
[4]) An den deutschen Adel. Von der babylonischen Gefangenschaft. Von der Freiheit eines Christenmenschen.

Resultat jener Verbindung mit den Humanisten und Rittern sei, während Andere, wie Plitt und Köstlin, dies als ein nothwendiges Entwicklungsstadium in Luther wenn auch nicht unbeeinflußt von jenen Männern ansehen. Die Sache wäre leichter zu übersehen, wenn wir wüßten, was Luther auf die Briefe des Crotus und Hutten geantwortet hat, da diese Schreiben leider verloren gegangen sind, müssen wir aus den in Frage kommenden Schriften selbst ein Urtheil zu gewinnen suchen.

Unbestreitbar scheint uns nun, daß Luther durch die Bekanntschaft mit Huttens Schriften erst in das ganze Wesen des Romanismus eindrang. „Das polemische Material hat Luther von dieser Seite erhalten."[1]) Das muß jedem Unbefangenen einleuchten, der z. B. den Vadiscus mit Luthers Schrift an den Adel vergleicht,[2]) wo sich allerdings noch Anklänge an andere gegen Rom gerichtete Schriften nachweisen lassen, wie an den libellus de obitu Julii[3]) und an die exhortatio cujusdam doctissimi ad principes ne in Decimae praestationem consentiant,[4]) die Luther schon zwei Jahre

---

[1]) Maurenbrecher, Studien und Skizzen zur Geschichte der Reformationszeit. Leipzig 1874. S. 254. Luther selbst freilich giebt 18 Jahre später in den von Lauterbach uns aufbewahrten Tischreden an, er habe das römische Wesen von einem Dr. Wick erforscht. Vgl. Ant. Lauterbachs Tagebuch herausg. v. Seidemann. Dresden 1872. S. 20.

[2]) Ich erinnere nur an Einiges, wie die gemeinsamen Klagen über Annaten und Palliengelder, daß der Papst prächtiger einhergetragen werde als Christus im Sacrament, der Wunsch, daß die päpstlichen Decrete vertilgt würden 2c. Auch die Dreizahl der Mauer könnte dem Vadiscus entnommen sein. Vgl. Plitt a. a. O. S. 183.

[3]) F. A. F. libellus de obitu Julii P. M. bei Böcking Hutt. opp. IV p. 422. Luther schon über ein Jahr bekannt. De W. 1, 230. — Julius sagt: Concilium cogi non potest invito pontifice, alioqui conciliabulum sit non concilium. (p. 439 u. 440.) Luther: „Wenn nu St. Peter das allein hätt gebührt, wäre das nit ein christlich Concilium, sondern ein ketzerisch Conciliabulum. (Erl. A. 21, 289.) Julius (p. 432) und Luther (S. 279) über Fruchtlosigkeit der Concilien. Julius (439) und Luther (279) über die Absetzbarkeit des Papstes 2c.

[4]) Bei Böcking drei Abhandlungen 2c. 15—26. Vgl. Luther S. 294. Böd. S. 18. Ueber die größere Verwüstung, die durch die Welschen als durch

früher kannte.¹) Diese Dinge sind indessen ja nur nebensächlich, die Frage ist vielmehr die, ist Luther wirklich durch jene Verbindung erst zum Reformator geworden?

Wer die großen Reformationsschriften, wie man sie gewöhnlich nennt, nach andern Schriften Luthers liest, dem wird es allerdings nicht entgehen können, daß sie in einem andern Tone geschrieben sind, als Alles was Luther vorher geschrieben hat. Maurenbrecher nennt den Ton radical, und man kann ihn so nennen, aber richtiger und aus Luthers Wesen und Wollen heraus ist er wohl der eines heiligen Zornes zu nennen, der sein strafendes Schwert erhebt: „Die Zeit des Schweigens ist vergangen und die Zeit zu reden ist gekommen." Schon im Februar hatte Luther zweimal an Spalatin geschrieben, daß es unmöglich sei, daß das Wort Gottes ohne Tumult und Lärm, ohne Krieg sich ausbreiten könne.²) Dergleichen Aeußerungen wörtlich zu nehmen und mit Kampschulte³) zu sagen: „Selbst vor Krieg und Aufruhr bebt er nicht zurück," heißt Luthers ganze Denkungsweise gründlich verkennen. Nur die Waffen des Geistes sind es, mit denen er gegen Rom ficht und wenn er auch den Schutz Huttens und Sickingens hoch schätzt, und das Anerbieten des Ritters von Schaumberg⁴), wie er selbst sagt, sein Herz frei macht von aller Menschenfurcht und ermuthigt, rücksichtslos die

---

die Türken angerichtet worden ist. Luther S. 305. „Wollen wir wider die Türken streiten, so lasset uns hie anheben wo sie am allerärgsten sind."

¹) De W. I, 140.

²) Obsecro te, si de Evangelio recte sentis noli putare rem ejus posse sine tumultu, scandalo seditione agi. De W. I, 417. Quid vis? verbum pietatis nunquam sine turbine, tumultu, periculo tractari potuit. — — Aut ergo desperandum est de pace et tranquillitate hujus rei aut verbum negandum est. Bellum domini est, qui non venit pacem mittere. I, 425.

³) A. a. O. II, 73.

⁴) Franciscus Siccingus per Huttenum promittit tutelam mihi contra omnes hostes. Idem facit Silvester de Schauenberg cum nobilibus Franciscis, cujus literas pulchras habeo ad me. Nihil timemus amplius sed jam edo librum vulgarem contra Papam de statu ecclesiae emendando. De W. I, 475.

Wahrheit zu verkündigen, so stellt er doch sich selbst und seine Sache in den Schutz eines höhern Herrn.[1])

Luther ist gewiß in der Schrift an den Adel ein andrer Mann, als wir ihn bisher kennen gelernt haben. Er ist nicht mehr der Mystiker, der aus der Tiefe seines innern religiösen Lebens heraus gegen das ankämpft, was jenes innere Leben und Glauben nicht zu seinem Rechte kommen lassen will, er ist nicht mehr blos ein Mann der innern Erfahrung, sondern auch der äußern, gestützt auf die Geschichte und die hergebrachten Rechte des Volkes spricht er gegen Rom das letzte vernichtende Wort. Aber wir haben aus unserer bisherigen Darstellung gesehen, daß innerlich und theoretisch dieser Bruch in Luther schon längst vollzogen war, und es nur darauf ankam, ihn auch praktisch zu vollziehen und öffentlich anzuerkennen, und das ist in dieser Schrift geschehen. Es kann keinem Zweifel unterliegen, daß dieser öffentliche Bruch mit Rom nach Luthers ganzem bisherigen Entwicklungsgange geschehen mußte und gewiß geschehen wäre, auch wenn die Verbindung mit den Humanisten nicht dazu kam, aber es ist sehr fraglich, ob er schon jetzt erfolgt wäre.[2]) Und die Form, unter der sich die Loslösung von Rom vollzog, der Appell ans Volk, das Mithineinziehen desselben in seine Angelegenheit,

---

[1]) In Betreff jenes Anerbietens: Quod ut non contemno, ita nolo nisi Christo protectore niti, qui forte et hunc ei spiritum dedit.

[2]) Wie Huttens Persönlichkeit und Feuereifer auf Luther den größten Einfluß ausübte, zeigt auch die Aneignung seines berühmten Wahlspruchs: A me quidem, jacta mihi alea, contemtus est Romanus furor et favor, nolo eis reconciliari nec communicare in perpetuum: damnent exurantque mea. (Aus demselben Briefe, in dem er Spalatin von dem Anerbieten des Schaumberg erzählt. De W. I, 466.) Ferner ist hier in Betracht zu ziehen eine Stelle in einem Briefe Melanchthons, auf die schon Beesenmeyer hinweist (Literargeschichte der Briefsamml. 2c. Berlin, 1821. S. 126): Consilium de scribenda ad germanicam nobilitatem epistola principio magis non probavi, quam probavi. Animabatur enim Noster ad eam rem perscribendam a quibusdam, quibus utrique multum tribuimus. Corp. Ref. I, 211. Wir glauben nicht zu irren, wenn wir unter den quidam Hutten und seine Genossen (so auch Köstlin a. a. O. 1, 334.) verstehen. Wer könnte es auch sonst sein?

und auch manche positive Idee, wie die einer Nationalkirche, von der wir weiter unten zu handeln haben werden, ist nur aus humanistischen Einwirkungen zu verstehen. Der nationale Gedanke, der bisher nur selten zu spüren war, ist in der Weise, wie er die ganze Schrift an den Adel bestimmt, so daß sogar das Religiöse zurücktritt, durchaus ein Neues in Luthers Schriften. Und warum wendet er sich, wenn er versuchen will, „ob Gott wollt doch durch den Laienstand seiner Kirche helfen", nicht an die deutschen Fürsten, warum nicht an den deutschen Bürgerstand? Einzig und allein darum, weil er wie Sickingen, Hutten und seine Freunde, in ihren Gedankenkreis eingehend, gerade in der Verbindung der beiden mächtigen Factoren, Kaiser und Adel, das Heil für die Kirche sah, weil er sich eins weiß mit Hutten und Crotus im Kampfe gegen Rom, womit allerdings keineswegs gesagt werden soll, daß Luther mit Huttens wirklichen Umsturzplänen, die wir übrigens auch nur ahnen können, einverstanden gewesen wäre.[1]) Und wie viel war beiden Theilen auch wirklich gemeinsam, man denke nur an den einen wichtigen Punkt, der für Luther noch immer auf der Tagesordnung stand, die Concilsfrage! Auch die Humanisten setzten die größte Hoffnungen auf ein Concil,[2]) welches, wenn nicht die ganze Christenheit, so doch wenigstens Deutschland repräsentirte. Und für die Freiheit eines Concils seine Stimme zu erheben, ist ja nach Luthers eigner Aussage der Zweck der Schrift an den Adel gewesen.[3]) Betrachten wir sie darauf hin etwas genauer!

Luther will, wie er sagt, durch dieses Sendschreiben an den Kaiser und den Adel der deutschen Nation versuchen, ob es nicht möglich ist, vermittelst der Laien der Kirche zu helfen, da die Geistlichen, denen das allerdings zuerst zukäme, dazu unbrauchbar geworden sind. Dazu ist es nöthig, die drei Mauern umzustoßen, welche die Romanisten, um eine Reformation zu verhindern, um sich

---

[1]) Davon wußten die Wittenberger wohl noch weniger als wir. Vgl.. Köstlin I, 331.

[2]) Vgl. Hutteni opera I, 337 ff.

[3]) Nec hoc a me agitur ut seditionem moveam, sed ut concilio generali asseram. De W. I, 479.

gezogen haben. Als erste Mauer betrachtet Luther die Thatsache, daß sie sich auf ihre geistliche Gewalt berufen, wenn man mit weltlicher Gewalt gegen sie eindringt, und dieser nicht unterthan sein wollen. Das Recht der geistlichen Gewalt gegen die weltliche wird von Luther durch den Nachweis des allgemeinen Priesterthums widerlegt, das hier zum ersten Mal praktisch wird und aus der gliedlichen Zusammenfassung der Gläubigen mit ihrem Haupte Christus entwickelt wird. Diese Gemeinschaft der Gläubigen kennt keinen Unterschied von Geistlichen und Laien, sondern höchstens von solchen, die das Amt am Wort und Sacrament übertragen und solchen, denen es übertragen ist. Die weltliche Obrigkeit hat das Schwert über Alle zur Bestrafung der Bösen, zum Schutz der Frommen. Folglich ist eine Exemtion des Clerus unstatthaft. Auch den Papst kann die Obrigkeit absetzen.[1])

Die zweite Mauer der Romanisten, daß nur dem Papst die Schrift auszulegen gebühre, wird dadurch umgestoßen, daß Luther aus dem schon vielfach angewendeten Worte 1 Cor. 14, 30. (So aber die Offenbarung geschieht einem andern, der da sitzt, so schweige der erste) nachweist, daß der Papst irren könne, und irgend ein Anderer die Schrift besser auszulegen vermöge, als er.

Die dritte Mauer ist die anmaßende Behauptung, daß nur der Papst ein Concil berufen könne. Daß dies falsch ist, ergiebt sich aus Matth. 18, 15 ff. wo geboten wird, falls eine Besserung des sündigenden Bruders nach Ermahnung unter vier oder sechs Augen nicht erfolgt, seine Sache vor die Gemeinde zu bringen. „Soll ich ihn denn verklagen für der Gemeine, so muß ich sie ja zusammenbringen." Daß dies allein dem Papst gebühre, kann durch kein Schriftwort erwiesen werden; dagegen ist bekannt, daß das hochberühmte Nicäner Concil durch den Kaiser Constantin berufen worden ist. Wo es die Noth fordert, und der Papst der Christenheit ärgerlich ist, „soll darzuthun, wer am ersten kann, als ein treu Glied des ganzen Körpers, daß ein recht frei Concilium werde. Welch Niemand so wohl vormag als das weltlich Schwerdt." Wenn der Papst es

---

[1]) Erl. A. 21, 286.

hindern will, so soll man seine Gewalt nicht ansehen und „es verachten als eines tollen Menschen Vornehmen und ihn in Gottes Zuversicht wieder bannen."[1])

Leider sagt uns Luther auch hier nicht mit directen Worten, wie er sich die Zusammensetzung eines allgemeinen Concil denkt. Es entspricht seinem Begriff nach der zusammenberufenen Gemeinde, wozu nach dem Vorhergehenden, natürlich nicht etwa blos der Clerus, sondern auch „der Hauf und das weltlich Schwerdt" als zugehörig zu denken sind. Wie sich dies praktisch gestalten, durch welche Art von Repräsentation dies ausgeführt werden soll, erfahren wir nicht. Der an einer andern Stelle entwickelte Kirchenbegriff bleibt ganz außer Betracht. Die Gemeinde, die zusammtenberufen werden soll, ist doch nur die sichtbare Kirche, nicht die Gemeinschaft der Gläubigen, sondern die Gesammtheit aller Getauften, und Luther wirft nicht die wichtige Frage auf, wer denn (als voraussetzliches Glied der unsichtbaren Kirche) ein Wort mitzusprechen habe in kirchlichen Angelegenheiten.[2])

In siebenundzwanzig Abschnitten handelt dann Luther von den Gebrechen der Kirche und des weltlichen Lebens, die durch das Concil abgestellt werden sollen. Hier beginnt nun der ganze Ausbruch heiligen Zornes gegen päpstlichen Uebermuth, die Strafrede deutscher Geradheit gegen welsche Tücke, wie Luther es seinen Freunden vorher angekündigt hatte.[3]) Es ist der Scheidebrief an Rom

---

[1]) Ebendas. S. 290. Vergleiche den Fortschritt gegen die Schrift „Vom Papstthum zu Rom", wo Luther noch lehrt die Gewalt des Papstes in Ehren zu halten.

[2]) Man könnte vielleicht aus dieser geringen Präcisirung den Schluß ziehen, daß Luther kaum daran geglaubt hat, daß wirklich ein Concil in den augenblicklichen Wirren zu Stande kommen würde oder auch im Stande wäre, das Alles auf hergebrachtem Wege zu ordnen, was Luther nach dem Folgenden von demselben geordnet wissen will. Darum sagt er auch, er will singen und sagen, so viel sein Verstand vermöchte, „was wohl geschehen mocht und sollt von weltlicher Gewalt oder gemein Concilio," „der christliche Adel soll setzen und gebieten," oder „daß ein kaiserlich Gesetz ausgehe".

[3]) An W. Link, d. 20. Jul. 1520. Editur noster libellus in Papam de reformanda Ecclesia vernaculus ad universam nobilitatem

mit dem vollen Bewußtsein geschrieben, daß hiernach von einer Versöhnung nicht mehr die Rede sein kann, vielleicht sogar mit der Absicht, sie unmöglich zu machen.¹)

Fragen wir nun, wie Luther sich nach unserer Schrift eine Reformation der Kirche gedacht hat, so ist vor allem zu betonen, daß Luther zunächst nur von der deutschen Kirche handelt und die **Errichtung einer wirklichen Nationalkirche unter des Kaisers und des deutschen Adels Schutz im Sinne hat.**²)

Germaniae qui summe offemurus est Romam, ductis in publicum impiis artibus et violentibus ejus potestatibus. De W. I, 470. Nihil timemus amplius sed jam edo librum vulgarem contra Papam de statu Ecclesiae emendando: hic Papam accerrime tracto et quasi Antichristum. I, 475.

¹) Nolo eis reconciliare nec communicare in perpetuum, damnent exurantque mea. Ego vicissim, nisi ignem habere nequam damnabo publiceque concremabo jus pontificium id est lernam illam haeresin: et finem habebit humilitatis exhibitae hactenusque frustratae observantia, qua nolo amplius inflari hostes Evangelii. De W. I, 466. Vgl. unter Anderm die stärkste Stelle gegen den Papst: „Ach Christe, mein Herr sich herab, laß herbrechen deinen jüngsten Tag und zurstoren des Teufels Nest zu Rom. Hie sitzt der Mensch, davon Paulus gesagt hat (2 Thess. 2, 3. 4). Der sich soll übir dich erheben und in deiner Kirchen sitzen, sich stellen als einen Gott: der Mensch der Sünden und Sohn der Vordamniß. Was ist päpstlich Gewalt anders denn nur Sünd und Bosheit lehren und mehren, nur Seelen zur Verdampniß führen unter deinem Namen und Schein. Erl. A. 21, 339.

²) Natürlich darf man hier nicht den modernen Begriff der Nationalkirche suchen. — Ueber die ganz gleichen Pläne der Humanisten vgl. folgende hochinteressante Stelle aus einem Briefe des Agrippa von Nettesheim an Johann Roger Brennonius: Fuit hic (nämlich Coloniae) apud nos Huttenus cum aliquot Lutheranae assecliis qui nunc in Curtesanos ut vocant Romanosque legatos calamum stringunt; ipsi etiam Romano pontifici iufensi magnas seditiones, ni deus provideat concitaturi, dum singulos Germaniae principes et potentatus magnis persuasionibus adhortantur ut excutiant Romanum jugum — — isti clamant: Quae est pars nostra inter Romanos aut quae hereditas nostra in episcopo Romano? Num quid non sunt primates et episcopi in Germania ut

Es muß darum dem Papst jegliches Einspruchsrecht in deutsche kirchliche Angelegenheiten genommen werden, jegliche Ausfuhr deutschen Geldes nach Rom, unter welchem Rechtstitel es auch sei, ob wirklichem oder vermeintlichem, ist zu verbieten. Vieles fällt schon von selbst fort; denn wenn man, wie Luther will, die Concilsbeschlüsse von Nicäa wieder aufrichtet, nach denen der Bischof der päpstlichen Bestätigung nicht bedarf, sondern die Consecration durch einen oder den andern der benachbarten Bischöfe genügt, so kann ja natürlich von Pallium, Annaten, Papstmonaten u. dgl. nicht mehr die Rede sein.[1]) Die apostolische Kirche schwebt Luther vor, wenn er an einer Stelle sogar so weit geht, gar Nichts mehr von Erzbischöfen oder Bischöfen wissen zu wollen,[2]) sondern aus ihnen „eitel Pfarrer" machen will, was er übrigens noch nicht so ernst meint, da er bald wieder von Bischöfen spricht und von einem **Primat in Germanien**, der ein Consistorium mit allem nöthigen Apparat einzurichten habe, an welches man in Deutschland appelliren könne. Innerhalb dieser deutschen Nationalkirche fordert Luther eine vollkommne Gleichberechtigung der Priester, Casus reservati etc. fallen weg.

Wie verhält sich diese Kirche aber zum Papste? Kann sie desselben ganz entrathen? Man sollte meinen, daß der Papst der Räuber, der Antichrist, ein überwundner Standpunkt sei, und an vielen Stellen sieht es auch so aus. Doch macht Luther hier noch einen Unterschied zwischen dem factischen Papstthum und seiner Idee. Das Papstthum an sich verwirft er noch nicht, sondern nur wie es

---

usque ad pedum oscula indigne subjiciamus nos episcopo Romano? Relinquat Romanos Germania et revertatur et jam revertetur et convertatur ad primates et episcopos et pastores suos. Am 16. Juni 1520. bei Böcking Hutt. opp. I, 359 ff. Hier ist gar nicht mehr die Rede vom Papst, sondern nur vom römischen Bischof.

[1]) Erl. A. 308.
[2]) Ebendas. Vgl. folg. Stelle aus Huttens Vadiscus bei Strauß III, S. 137. „Sie werden nicht meinen, weil sie Geistliche sein, dürfen sie müßig gehn, da man sie vielmehr um ihres erprobten Fleißes willen zu Priestern gemacht hat. Daher werden sie dem Gemeinwesen bienen, und sich von andern nur dadurch unterscheiden, daß sie frömmer leben und das Gemeinwohl ihnen mehr am Herzen liegt."

dermalen beschaffen ist, — nennt er doch sogar den Papst noch den Statthalter Christi, freilich nicht Christi im Himmel, sondern allein Christi auf Erden wandelnd,¹) womit er sagen will, daß es dem Papste nicht zukomme, sich dienen zu lassen, sondern zu dienen. Er soll sein Statthalter sein, wie Luther sagt „in der dienenden Form, als er auf Erden ging mit arbeiten, predigen, leiden und sterben." Darum hat er in weltlichen Dingen nichts zu sagen, sondern allein zu predigen und zu absolviren. Und an einen solchen Papst soll es auch erlaubt sein eine Sache zu bringen, die von den Primaten und Erzbischöfen nicht ausgerichtet werden konnte. „Was aber ohn den Papst kann ausgerichtet werden, daß seine Heiligkeit nit mit solch geringen Sachen beschwert werde, sondern ihres Gebets und Studien und Sorgen für die ganz Christenheit wie er sich rühmet, warten möge,"²) mag ohne ihn geschehen. Fragen wir nach den Normen, nach denen der Papst entscheiden soll, so ist es nicht das geistliche Recht, das Luther bis „zum Grunde ausgetilgt"³) wünscht, sondern die heilige Schrift, worin wir zur Genüge dargethan finden, wie wir uns in allen Dingen zu verhalten haben.⁴)

Die Frage, der man sich hierbei nicht entschlagen kann, ob diese Vorschläge — denn als solche will Luther sie ja nur angesehen wissen —, wirklich ausführbar waren, müssen wir bedingungsweise bejahen. Die Ausführung war möglich, wenn es gelang den mächtigen Kaiser Karl dafür zu gewinnen. Daß Luther dies bezweckte, geht aus jeder Seite seiner Schrift hervor, die mit einer für den in dumpfer und stumpfer Zurückgezogenheit aufgewachsenen Mönch wahrhaft bewundernswerthen Klarheit politischen und nationalökonomischen Blicks geschrieben, überall erkennen läßt, was Deutschland an und für sich und was es seinem Kaiser sein könnte und müßte, wenn es frei von Rom wäre. Hatte Luther, wie wir gezeigt, diese Ideen ganz gewiß von den Humanisten empfangen, so waren sie

---

[1] Erl. A. 21, 313 f.
[2] Ebend. 21, 308.
[3] Dieselbe Hoffnung hatte auch Hutten im Vadiscus ausgesprochen.
[4] Weiteres über den Inhalt dieser Schrift bei Köstlin a. a. O., der die positiven Forderungen Luthers, wie wir sie hier verzeichnet haben, ganz übersehen hat.

aber doch ganz und gar die seinen geworden, indem er sie seinem Gedankenkreise assimilirte, d. h. sie versittlichte. Die politische, die sociale Schädigung wie sie durch Hutten und Genossen aufgedeckt war, ist ihm zunächst die sittliche Schädigung, die von Rom ausging, die alle andern in ihrem natürlichen Gefolge hat, und wenn diese gehoben ist, ist auch eine Besserung im Uebrigen zu erwarten. Erst unter diesem Gesichtspunkt ist Luthers Stellung zum Papst in dieser Schrift an den Adel vollständig zu verstehen.[1]).

Um diese sittliche Schädigung, die Luther hauptsächlich in der Verdunkelung der für ihn so überaus wichtigen Lehre von den Sacramenten sieht, klar zu legen, schreibt er das „Vorspiel von der babylonischen Gefangenschaft."[2]) Seine bisherigen Anschauungen vom Concil werden darin durchweg bestätigt, jedoch mit den schon öfters dabei beobachteten Widersprüchen, die auszugleichen zu wollen, in Luther eine Systematik hineintragen hieße, die seinem ganzen Wesen widerspricht. Während er leugnet, daß es in eines Engels, geschweige denn eines Papstes oder Concils Macht stände, den Kelch den Laien zu verweigern,[3]) (obwohl er den Gebrauch nur einer Gestalt nicht für Sünde

---

[1]) Wenn Maurenbrecher in seiner Recension von Köstlins Luther (Grenzboten 1875. Nr. 11) von Luther als von einem Manne spricht, der allerdings von revolutionärer Erhebung und Gewaltsamkeit abmahnt, dem es aber zugleich fest steht, daß das „Evangelium" nur durch eine Revolution Fortgang gewinnen könne, so kann ich ihm nur in dem Sinne beistimmen, in dem ich schon in meiner Schrift über den Kanzler Brück (Halle 1874 S. 2 vgl. Ztschr. f. hist. Theol. 1874.) Luther eine revolutionäre Natur genannt habe, weil Luther (wenigstens in jener Zeit) ohne Sinn für das historisch Gewordene allein von der Idee sich leiten läßt, in welchem Falle die reguläre Entwicklung (das Gegentheil der Revolution) nicht zur Geltung kommt.

[2]) Die beste deutsche Uebers. bei Lemme, die drei großen Reformationsschriften Luthers. Gotha 1875. Ueber die babylonische Gefangenschaft vgl. Köstlin a. a. O. I. 367 ff.

[3]) Concludo itaque: Negare utramque speciem laicis esse impium et tyrannicum, ne in manu illius Angeli nedum Papae et concilii cujuscunque. Nec moror Concilium Constantiense, cujus autoritas, si valet, cur non valet et Basiliense, quod contra statuit Bohemis licere

hält) will er doch nur, wie schon früher, diese Gefangenschaft durch den Beschluß eines allgemeinen Concils gelöst wissen. Dabei sagt er, daß es ihm gleichgültig sei, ob eine Meinung vom Concil bestätigt sei oder nicht, da es sehr häufig irre. Den Grund des Irrthums sieht er in der Zusammensetzung und will erst dasjenige für wahrhaft anerkannt ansehen, was nicht blos von der römischen, sondern von der gesammten Kirche anerkannt wird.[1]) Und selbst in der Ehescheidungsfrage, wobei es sich doch nicht darum handelt articulos fidei condere, zieht er das Urtheil und den in Christo geschehenen Beschluß zweier unterrichteter und trefflicher Männer dem eines Concils vor, „wie sie jetzt zusammengebracht werden",[2]) wo man nur die Zahl und das Ansehn berücksichtigt und nicht die Gelehrsamkeit und Heiligkeit. Positive Vorschläge für eine andre Art der Zusammensetzung eines Concils finden sich nicht.

Und was kann für Luther eine Concilsentscheidung noch bedeuten, nachdem das Princip der christlichen Freiheit und Subjectivität so offen ausgesprochen ist, wie es hier geschieht: Neque Papa neque Episcopus neque ullus hominum habet jus unius syllabae constituendae super Christianum hominem, nisi id fiat ejusdem consensu, quidquid aliter sit, tyrannico spiritu sit![3])

utramque speciem suscipere, quod multa disputatione illic obtentum est ut extantes annales et literae concilii probant. Wittenb. Ausg. II. p. 66 und weiter unten: Hoc est quod dixi mihi pulchrum videri, si generalis Concilii statuto ista captivitas solveretur.

[1]) Saepius erraverunt concilia praesertim Constantiense quod omnium impiissime erravit. Id enim solum est fideliter probatum, quod ab universali ecclesia, non tantum Romana probatur.

[2]) Sola autoritate Papae aut episcoporum hic definiri volo, sed si duo eruditi et boni viri in nomine Christi consentirent et in spiritu Christi pronuntiarent, eorum ego judicium praeferrem etiam Conciliis, qualia nunc solent cogi, tantum numero et auctoritate citra eruditionem et sanctimoniam jactata p. 84.

[3]) p. 76 b und weiter unten: Christianis nihil ullo jure posse imponi legum sive ab hominibus sive ab angelis, nisi quantum volunt liberi enim sumus ab omnibus. Es ist nicht zu vergessen, daß es sich an dieser Stelle um ganz andere Dinge handelt, als in dem Büchlein von der Freiheit eines Christenmenschen, wo sich ähnliche Aeußerungen finden.

Dieser Ausspruch bis zu dieser Zeit und, wie ich glaube, überhaupt der bei weitem klarste Ausdruck des Subjectivitätsprincips bei Luther würde das Recht der Kirche letztlich auf ein Uebereinkommen gründen, und wenn wir uns nach früher gemachten Beobachtungen auch nicht wundern können, wenn Luther diese letzte Consequenz nicht zieht, so müssen wir doch sagen, daß nach solchen Äußerungen, die in einer Schrift, nicht etwa in Briefen gethan sind, es eine fast unverständliche Accomodation an hergebrachte Anschauungen ist, noch von Concil zu reden. Man kann sich dies nur aus dem Feuereifer erklären, der damals Luther beherrschte und der sein ganzes Sein in eine gewisse Gährung versetzte.[1]) Und Luther ging sogar noch weiter. Er knüpfte auf Drängen des Carl v. Miltitz und seiner Freunde noch einmal mit Leo an.[2]) Der von Miltitz gewünschte Brief, der den Papst überzeugen sollte, daß er es nicht auf seine Person abgesehen habe, wurde von Luther geschrieben, als die sichere Kunde von Ecks Ankunft mit der Bannbulle schon nach Wittenberg gekommen war, und auf den 6. Sept. 1520 zurückdatirt. Die Bulle wird gänzlich ignorirt, und Luther erklärt ganz nach Wunsch jenes Unterhändlers, daß er die Person Leo's niemals habe angreifen wollen, und bedauert, wie schon früher, daß dieser unter so ungünstigen Verhältnissen Papst sein müsse. Alles was er gegen den Papst gesagt habe, beziehe sich auf den römischen Stuhl, „den man nennt den römischen Hof." Die Schuld an dem ganzen schlimmen Handel sei allein dem Ehrgeiz des Eck zuzuschreiben. Aber widerrufen könne er nicht, denn „sie irren alle die da sagen, du seiest über das Concilium und gemeine Christenheit, sie irren, die

[1]) Hierdurch wird auch unsere obige allgemeine Aeußerung über Luthers theologisches Verfahren bestätigt. Vgl. S. 10.
[2]) Vgl. Köstlin a. a. O. S. 383. Anders bei J. G. Droysen (Zur Reformationsgeschichte in Ztschr. d. Ver. f. thüringische Geschichtskunde I. 1854. p. 170 ff.) der wohl mit Unrecht das dem Verhalten der Curie widersprechende Verfahren des Unterhändlers als von dieser beabsichtigt hinstellt, während doch gerade die von Droysen mitgetheilten Documente, die einen klaren Einblick in Miltitz Charakter geben, beweisen, daß dieser auf eigene Faust um seiner Ehre und seines Gewinnes willen und um Eck zu schaden so handelte.

dir allein Gewalt geben, die Schrift auszulegen."[1]) Schon früher hatte Luther geäußert, daß der römische Hof, d. h. alle jene Curtisanen, und das feile Gesindel, was sich in Rom von Deutschlands Gute mästete, die Ursache alles Unheils sei, was von Rom komme und daß der Papst nur ein Werkzeug derselben sei, — aber wenn er, wie so häufig während des Jahres 1520 den Papst den Antichrist nennt[2]) und man alle jener starken Stellen in der Schrift an den Adel und von der babylonischen Gefangenschaft hinzunimmt, so wird man dem Urtheil beistimmen müssen, daß Luther hier etwas sophistisch zu Werke geht. Das Privatleben des Papstes hatte er allerdings nirgends angegriffen.

In dem Hange, den Wünschen der Freunde soviel wie möglich nachzugeben[3]), den wir in der besprochenen Periode fanden, im Gegensatz zu späterer sich bis zur Halsstarrigkeit steigernder Consequenzmacherei, liegt, ich möchte sagen, etwas Melanchthonisches. Sollte sich vielleicht schon hier Manches auf Melanchthon zurückführen lassen? Daß Luther jede neue Frage mit Melanchthon eifrigst besprach, zeigen die Briefe zur Genüge.

Luther hat wohl kaum daran gedacht, daß jener Brief an den Papst seine Stellung zur Kurie verändern könne, dagegen konnte die hohe Zuversicht und Glaubensgewißheit des Büchleins „von der Freiheit eines Christenmenschen," dem er vorangestellt war, gerade in Verbindung mit diesem Versöhnungsversuche auf manchen noch Schwankenden, seine Wirkung nicht verfehlen.

---

[1]) De W. I. 497 ff.
[2]) Noch etliche Tage vorher im Brief von Spalatin. Jam multo liberior sum certus tandem factus Papam esse Antichristum et Satanae sedem manifeste inventam (!!) De W. I. 495.
[3]) Anfangs hatte er sich geweigert, weil Ed mit der Bulle angekommen sei. De W. I. 491.

IV.
Die Bannbulle und ihre nächsten Folgen.

Es war in den ersten Tagen des October, als die am 16. Juni 1520 erlassene Bannbulle Exsurge Domine in Wittenberg eintraf. 41 Sätze aus Luthers Schriften wurden darin verdammt, unter ihnen natürlich auch seine Äußerungen über das Concil. (28—30). Auch seiner Berufung aufs Concil wird gedacht und dabei hervorgehoben, daß eine solche allein schon nach den Verordnungen Pius II. und Julius II. häretisch sei. Wie man übrigens Luthers Standpunkt wenigstens in dieser Frage deutlich übersah, zeigt die weiter unten gemachte Bemerkung, daß der doch vergebens ein Concil anrufe, welcher öffentlich erkläre, daß er nicht an dasselbe glaube,[1] — vielleicht die richtigste Bemerkung in der ganzen Bulle. Anstatt, wie üblich, Luther noch einmal zu citiren, hatte sich die Curie damit begnügt, ihm eine Frist von 60 Tagen zum Widerruf zu gestatten. Man konnte staatsrechtliche Bedenken gegen die Bulle haben, besonders in Anbetracht der maßlosen, aller Rechtsgrundlagen entbehrenden Drohungen gegen die Fürsten, die darin enthalten waren. Interessant hierfür ist ein Schreiben des Hieronymus von Endorf, eines kaiserlichen Raths, an den Landeshauptmann von Steyermark, Sigmund von Dietrichstein.[2] Derselbe hatte in einer Kirche von Ingolstadt die Verlesung der Bulle mitangehört, und war über das

---

[1] Addens mala malis de citatione hujusmodi notitiam habens in vocem temerariae Appellationis prorupit ad futurum Concilium contra constitutionem Pii II. ac Julii II. praedecessorum nostrorum, qua curetur taliter appellantes haereticorum poena plectendos. — frustra etiam Concilii auxilium imploravit qui illi se non credere palam profitetur. Luth. WW. Wittenb. II. p. 59.

[2] Bei Walch XV. S. 1897 ff.

unverschämte Auftreten gegen Kaiser und Reich dermaßen aufgebracht, daß er, wie er schreibt, am liebsten selbst auf die Kanzel gegangen wäre, um den Dingen „mit Ziemlichkeit" zu widersprechen. Im Gegensatz zu 1 Petr. 2, 13 greife hier der Papst dem Kaiser in Schwert, Scepter und Krone. Kaiserl. Majestät möge bedenken, ob jene Bestimmung über die Appellation an ein Concil um seiner Hoheit, seines Amtes und um der ganzen Christenheit willen zu dulden sei. Auch sei die Aufforderung an jeden Beliebigen, Luther gefänglich einzuziehen, wider alles Recht, denn ein solcher Befehl stände allein dem Kaiser zu. Man dürfe solchem Treiben nicht müßig zusehen. — Dieses Schreiben schickte der Adressat an den Kurfürst von Sachsen, da er der älteste sei, und ihm damit auch gedient sein möchte.[1]) Ohne Zweifel hat dasselbe mitgewirkt, den Kurfürsten und die Universität in ihrem ablehnenden Verhalten gegen die Bulle zu verstärken.

In religiöser Beziehung konnte die Bulle Luther nicht mehr schrecken; denn daß einem freien Christenmenschen, der sich eins weiß mit Christo, der Bann des Papstes in seiner Seligkeit nicht hinderlich sein könne, hatte er ja schon ein Jahr vorher klar erwiesen. Aber auch in Rücksicht der bürgerlichen Verhältnisse, die daraus resultirten, ließ er sich nicht beirren und war mit dem Bestreben des Kurfürsten, sich so wenig wie möglich in die Sache einzumischen, durchaus einverstanden. Er fürchtet sich auch dann nicht, als er erfährt, daß Herzog Georg von Sachsen alle Mittel anwende, um ihn von Wittenberg zu vertreiben,[2]) und daß vom Kaiser Nichts zu hoffen sei.

Gegen das Gerücht von der Bulle schrieb er „Von den neuen Eckischen Bullen und Lügen"[3]). Bei der Widerlegung der ihm von Eck vorgeworfenen Ketzereien läßt er sich klarer als sonst über das Concil vernehmen: Wenn er auch meine, daß Hus in Konstanz ungerecht verurtheilt worden sei, so dürfe man daraus noch nicht

---

[1]) Ebendas. 1904. Auch an den Kaiser selbst wurde eine Abschrift dieses rechtlichen Bedenkens gesandt.
[2]) De W. I. 518 ff.
[3]) Erl. A. 24, 15. Die Bulle hat er schon vorher gekannt. Vgl. De W. I. 494.

schließen, wie Eck dies thut, daß er sich überhaupt über die Concilien erhebe, er erhebe nur Christum über die Concilien;[1]) der Irrthum des Constanzer Concils sei daher gekommen, daß das Concil nicht frei gewesen wäre, da die Mitglieder desselben mit Eiden verbunden gewesen seien, dem Willen des Papstes gemäß zu beschließen.[2]) Darum bedarf es eines freien Concils, worin nicht blos ungelehrte Bischöfe und Sophisten, wie zu Constanz, sondern auch vernünftige und erfahrene Fürsten, Adel und Laien mit zu Rathe sitzen. Doch genügt ein Concilsspruch als solcher noch nicht, sondern er muß begründet werden;[3]) denn da Alles dem Irrthum unterworfen ist, „müssen Papst, Doctores, Concilia, Menschen, Engel und Teufel in die Schrift und daselbst Urtheil empfangen."[4]) Die Schrift selbst ist also einzige Glaubensnorm, und das Concil hat nur in Uebereinstimmung mit demselben etwas auszusprechen.[5]) — Obwohl er die Bulle für untergeschoben ausgiebt, hat Luther doch schon in

---

[1]) Erl. A. 24, 16. „Ich erhebe mich nit über die Doctores und Concilia, ich erhebe Christum ubir alle Lehrer und Concilia. Und wo ich desselben einen klaren Spruch hätt, will ich ihn auch über die Engel erheben wie Paulus thut. Gal. 1, 8." Man kann hier an Hus' Appellation an Christus denken. Vgl. Lechler, Wiclef, II. 182.

[2]) „Das ist in meinem Buchlin der höchsten Klagen eine, daß in den neuen Conciliis der Papst mit den Seinen keine Freiheit Jemand lassen, sondern zuvor mit Eiden verbinden, daß sie nur mugen setzen und thun, was sie wollen, und ihr Buberei durch den gefangen, betrogen Adel ausrichten. Hätte der Kaiser Sigmund und Fürsten frei durst handeln, wie er es im Sinne hatte, es sollte Kostnitz und Basel wohl viel andre Concilia, und den lugenhaftigen Romanisten ihr ubermüthige Bosheit wohl geweigert worden sein. 24, 23.

[3]) Ebend. 24, 25 ff. — —

[4]) 24, 21.

[5]) So sagt er auch in „Grund Ursach aller Artikel" gegen den Vorwurf, er habe muthwillig jedem Concil zu widerstreben gelehrt. „Wils mir nicht in den Sinn noch Feder gefallen ist, sondern ich habe gesagt: Wo sie etwas setzten im Concilio, sollt man der Schrift mehr benn dem Concilio glauben. Die Schrift ist unser Recht und Trotz, damit wir auch einen Engel vom Himmel mugen widerstreben, wie St. Paulus Gal. 1,8 gebeut, schweig einem Papst und Concilio." E. A. 24, 139.

dieser Schrift gegen die Behauptung, daß er nach Verwerfung des Concils kein Recht habe, an ein solches zu appelliren, polemisirt. Auch will er die Bulle nur darum für unecht halten, weil ja seine Appellation an ein Concil noch feststehe. Mit um so größerer Heftigkeit wendet er sich dann gegen die Bulle selbst, als er sie nicht mehr für gefälscht halten konnte, in seiner Schrift Adversus execrabilem Antichristi bullam.[1]) Mit einer strafenden Apostrophe an den Kaiser und die Fürsten, welche die Stimme des Antichrists ertragen, mit denen im Widerspruch zu stehen ihm ein schwerer Gedanke ist,[2]) ermahnt er den Papst und seine Cardinäle, in sich zu gehn, sonst müsse er in dem Papstthum den Sitz des Antichrists sehen und denselben als den Erzfeind Christi verfluchen. Zugleich warnt er in der bedeutend milder gehaltenen deutschen Ausgabe das Volk, sich durch die Bulle nicht verführen zu lassen, und damit es nicht scheine, als ob er wirklich, wie man vorgab, auf sein gutes Recht verzichte, erneuerte er unterm 17. Nov. 1520 seine Appellation an ein frei christlich Concilium, das wirklich etwas sei, auch wenn der Papst es mit seinen Drohungen zu Nichts machen wolle, „so er wohl weiß, daß wie wohl es noch nit vorsammelt ist, so seind doch die vorhanden, die in ein Concilium gehören, das ist die christlich Gemeine." Die nur vom Papst ausgegangene Bulle wird als nicht zu Recht bestehend betrachtet und Luther thut sogar den gewagten Ausspruch, daß es unmöglich sei, daß diejenigen, welche der Bulle anhängen, oder ihr nicht widerstreben, selig werden können.[3])

Indessen hatte man auf Befehl Kaiser Karls zu Löwen und noch während seiner Anwesenheit auch zu Köln Luthers Schriften verbrannt. Die Nachricht davon hatte der Kurfürst Friedrich von der Krönungsreise mitgebracht. Diese Ereignisse konnten Luther nicht unerwartet kommen. Schon im Juli hatte er geäußert, daß er mit einer Verbrennung des ganzen päpstlichen Rechts antworten

---

[1]) Op. varii arg. 5, 132 ff. E. A. 24, 35 ff.
[2]) De W. I. 521.
[3]) De W. I. 522.

werde.¹) Und als solcher Gegenact ist auch zunächst die feierliche Verbrennung der Bulle, der Decretalien und anderer in seinem Kreise verhaßten Bücher anzusehen,²) die er nach Verlauf der sechzigtägigen Frist in feierlicher Weise vollzieht. Es war die nothwendige Folge seines bisherigen Verhaltens, und wenn Luther länger, als man erwarten konnte, damit zögerte,³) so erklärt sich dies aus der gerechtfertigten Ueberlegung eines so bedeutungsvollen Schrittes. Denn seine Handlungsweise gewinnt an Tragweite, wenn man sich dessen erinnert, daß die Verbrennung von Luthers Büchern, wenn auch auf Grund der päpstlichen Bulle, so doch durch kaiserliche Autorisation vollzogen war.⁴) Um so größer steht Luther da, und die Worte mit denen er die Bücher ins Feuer warf: „Weil du den Heiligen des Herrn betrübt, so verzehre dich das ewige Feuer," in denen er seine Sache rückhaltslos mit der Christi identificirt und mit dem heiligen Zorneseifer eines alttestamentlichen Propheten vertritt — stellen ihn auf eine Höhe der Selbstgenugsamkeit, die in seiner Glaubensgewißheit gegründet ist, wie wir sie nur noch einmal, wenige Monate später in Worms wiederfinden. — —

Die Sachlage änderte sich nicht, auch wenn Kaiser und Reich die

---

¹) De W. I. 466. Burkhardt Briefw., 30. Vgl. die Verbrennung der päpstlichen Bulle in Prag 1412. Lechler, a. a. O. II. 179.

²) So auch Krafft, Aufzeichnungen des schweizerischen Reformators H. Bullinger. (Elberf. 1870. S. 51. Vgl. auch Luthers kurzen Bericht an Spalatin De W. I. 532. Dieselbe Auffassung hatte der Kurfürst vgl. sein Schreiben an die kaiserl. Räthe bei Walch XV. 2020.

³) Köstlin a. a. O. 406 vermuthet, daß Luther mit diesem Act bis auf die Kunde einer dritten Verbrennung, die zu Mainz erfolgte, gewartet habe, doch haben wir dafür keine Anhaltepunkte, daß Luther schon von derselben erfahren hätte. Die Bemerkung in dem Briefe an Staupitz (14. Jan. 1521) kann nicht dafür angezogen werden.

⁴) Ranke deutsche Gesch. I. 307 sagt unter Bezugnahme auf den Papst: „Nie ist eine Empörung entschlossener angekündigt worden," aber mit dem Papst hatte Luther ja schon in der Schrift Adversus execrab. etc. für immer gebrochen.

Bulle sanctionirten — „er hatte die Brücke zur Rückkehr hinter sich verbrannt" (Kampschulte). So beruft sich denn auch Luther, nachdem er 30 Artikel aus den verbrannten Büchern namhaft gemacht hat, für seine Handlungsweise auf die Verbrennung der heidnischen Zauberbücher durch Paulus, als geschworner Doctor der heiligen Schrift sei er dazu verpflichtet gewesen.[1]) Die Freunde Hutten und Crotus, die ihren Kampf gegen Rom auf die mannichfaltigste Weise fortsetzten,[2]) stärkten auch jetzt wieder Luthers Kampfesmuth, so daß er einmal die Hoffnung ausspricht, das Papstthum könnte unvermuthet schnell vernichtet werden.[3]) Je mehr jedoch Hutten von seinen kriegerischen Plänen, mit denen er jetzt die ganze Welt erfüllte, laut werden ließ, um so mehr fühlte Luther sich von ihm abgestoßen. Von gewaltthätigem Eingreifen fürs Evangelium will er Nichts wissen, „durchs Wort ist die Welt besiegt worden, durchs Wort ist die Kirche geschützt worden, durchs Wort wird sie wieder hergestellt werden."[4]) Und dieses Wort in höherm Maße zu betonen als bisher, bot ihm gerade jetzt die von neuem ausbrechende Fehde mit Emser und mit Murner Gelegenheit.[5]) Die drohende Gefahr war nicht im Stande, irgend eine seiner Ansichten zu ermäßigen, mit rücksichtsloser Schärfe wird die durch und durch faule Kirche des Papstes verworfen. Hatte er früher seine Lehre von der unsichtbaren Kirche fast ausschließlich aufs Apostolicum gegründet, so sieht er hier fast ganz davon ab und betont besonders gegen Murner, der sich über die geistliche Kirche lustig gemacht hatte, das Schriftwort. Indem er

---

[1]) Grund und Ursach aller Artikel ꝛc. Erl. A. 24.
[2]) Strauß. Ulr. v. Hutten 2, 96 ff. u. Kampschulte a. a. O. II. 82 ff.
[3]) De W. I. 533.
[4]) De W. I. 543 Es ist darum durchaus falsch, wenn Kampschulte a. a. O. S. 87 u. 94 gerade jetzt von einer immer inniger werdenden Verbindung spricht und von dieser Stelle sagt, daß Luther „einen Augenblick Furcht bekam, während er sich später (I. 558) wieder erfreut über Huttens Bestrebungen ausspricht." Die Bestrebungen gegen das Papstthum sind ihm immer erfreulich, so lange der Kampf allein durchs Wort geführt wird.
[5]) Köstlin a. a. O. I. 426 f.

das Reich Gottes mit der Kirche identificirt, wendet er Luc. 17, 20—22 und Joh. 3, 6 (Was vom Geist geboren ist, das ist Geist) darauf an und schließt daraus auf die nothwendige Annahme einer unsichtbaren Kirche.[1]). In Verbindung damit empfängt die Stelle 1 Petr. 2, 9 erst recht ihre Bewährung. Und so wird die Lehre vom allgemeinen Priesterthum hier noch einmal genauer entwickelt und daraus schon manche practische Consequenz gezogen, in der wir die Ansätze zu später weiter ausgeführten Gedanken finden können[2]). „Also," sagt Luther, „ists zugangen vorzeiten und sollt noch also gehn, daß in einer iglichen Christenstadt, da sie alle gleich geistlich Pfaffen sein, einer aus ihnen der Ältist oder Gelehrtist und Frömmist wird erwählt, der ihr diener Amptmann, Pfleger Hüter wäre in dem Evangelio und Sacramenten, gleich wie ein Burgemeister in einer Stadt aus dem gemeinen Haufen aller Bürger erwählet wird."[3]) Da das, was man jetzt Priesterschaft nennt, (was übrigens Petrus und Paulus nicht kennen, letzterer erwähne nicht einmal das Wort) nur aus Gewohnheit entstanden sei, so kann man es wohl auch wieder aufheben.[4]). Der Adel und die weltliche Gewalt, meint er noch immer, könnte Manches in der Sache thun, besonders gegen das Verbrennen der Ketzer und das falsche Bannen.

In seiner Antwort auf die Schrift des Ambrosius Catharinus,[5]) einer sehr umfangreichen und sehr weitschweifigen Streitschrift,[6]) schrieb Luther wohl das Stärkste, was wir von ihm gegen den Papst

---

[1]) Erl. A. 27, 201 ff.

[2]) Vgl. z. B. Daß eine christliche Versammlung oder Gemeine Recht und Macht habe, alle Lehre zu urtheilen und Lehrer zu berufen. Erl. A. 22, 140 ff.

[3]) Ebend. 27, 233.

[4]) Ebend. 288. Weiter unten (S. 252) verwahrt er sich jedoch ausdrücklich wieder dagegen, daß er von Abschaffung des Papstthums gesprochen habe, er habe nur Vorschläge zur Reformirung desselben gemacht.

[5]) Ueber ihn vgl. Lämmer, vortridentinisch-katholische Theologie. S. 21.

[6]) Opp. var. arg. V. 289 ff.

und das römische Kirchenthum besitzen. Er geht da weit über die großen Reformationsschriften des Jahres 1520 hinaus. Hatte er bisher nur beiläufig den Papst den Antichrist genannt, so geht er hier darauf aus, einen umfangreichen Schriftbeweis dafür aufzustellen. Unter Zugrundelegung von Daniel 8. und 2. Thess. 2. wird Alles, was irgendwo in der Schrift von Solchen, die vom Glauben abgefallen sind, gesagt wird, auf das Papstthum und seine widerchristlichen Einrichtungen gedeutet. Ganz besonders wird das 9. Capitel der Apocalypse mit all seinen Plagen und Wehen als eine Weissagung auf die Greuel, die von Rom ausgehen, erklärt.[1]) Um diese Auslassungen richtig zu würdigen muß man bedenken, daß dieses Buch am ersten April 1521 beendet wurde, als Luther sich eben zur Abreise nach Worms rüstete.

Gerade jene Lehrsätze, an denen man in Worms am meisten Anstoß nahm, allgemeines Priesterthum, unsichtbare Kirche, Fehlbarkeit des Concils, entwickelt Luther hier noch einmal aufs Genaueste, zum Theil auf neue Weise. So erklärt er die ihm von Ambrosius Katherinus wieder entgegengehaltene Stelle Matth. 16, 18., indem er von dem Schlußsatz ausgeht und sagt: Von den Pforten der Hölle überwältigt werden, heißt in Sünden gerathen. Daß dies dem Petrus geschehen konnte, dem Papst fortwährend geschieht, wird Niemand bezweifeln. Das Nichtüberwältigtwerden kann darum nur auf Christus bezogen werden, von dem wir allein wissen, daß er ohne Sünden war. Christus ist also der Fels. Wie nun dieser Fels ohne Sünde, unsichtbar und geistlich ist, allein durch den Glauben wahrnehmbar, so muß auch die Kirche sündlos, unsichtbar und geistlich allein durch den Glauben wahrnehmbar sein[2]). Und obwohl sie im Fleische lebt, so lebt sie doch nicht fleischlich (secundum carnem); Christus hat jede Oertlichkeit ausgeschlossen, wenn er sagt: Regnum Dei non venit cum observatione etc.[3]). Und

---

[1]) 334 ff.

[2]) a. a. O. 295. Igitur sicut petra ista sine peccato invisibilis et spiritualis est, sola fide perceptibilis, ita necesse est et ecclesiam sine peccato invisibilem et spiritualem sola fide perceptibilem esse.

[3]) S. 309.

wenn jedem einzelnen Christen, wie offenbar, die höchste Freiheit eignet, so doch ganz besonders der christlichen Kirche, so daß man sie nicht an einen bestimmten Ort binden kann.[1]) Man nimmt sie aber wahr an der Feier der Sacramente und der Predigt des Evangeliums, ganz besonders an dem letzteren, denn in dem Worte Gottes beruht geradezu das Leben und die Substanz der Kirche[2]).

In den Fehler der Gegner zurückfallend bedient sich Luther hier auch einer eigenthümlichen Allegorie und findet die unsichtbare Kirche schon im Salomonischen Tempel angedeutet, in den Knäufen der Stangen, mit denen die Bundeslade getragen wurde, und welche über den Gnadenstuhl hervorragten (1 Kön. 8, 8). Denn, wie man durch die hervorragenden Knäufe, als durch gewisse Anzeichen zu glauben veranlaßt wird, daß die im Allerheiligsten verborgene Bundeslade wirklich da sei, so muß man allein am Zeichen des Worts an die Kirche glauben, weil dieses außer durch den heiligen Geist in der Kirche nicht erschallen kann. Daher, fährt Luther fort, wird auch die Kirche Ps. 9, v. 1 Almuth, abscondita genannt.[3])

Luthers Lehre von der Kirche, wie wir sie hier einfach referirend wieder gegeben haben, war hiermit abgeschlossen. Man dürfte kaum eine bemerkenswerthe Abweichung hiervon in späterer Zeit nachweisen können, wenn auch die Folgerungen daraus durch die Reaction der nächsten Jahre etwas realistischer wurden.

---

[1]) 310.

[2]) Tota vita et substantia ecclesiae est in verbo dei sicut Christus docet: in omni verbo, quod procedit de ore dei vivit homo. Non de evangelio scripto sed vocali loquor, ne de quavis concione, quae in templis de suggestu declamatur, sed de germano et genuino verbo, quod fidem Christi veram non informem et Thomisticam docet.

[3]) S. 313 z. Almuth vgl. die Uebersetzung der LXX. Περὶ κρυφίων Bulg. In occultis. Aehnlich auch Luther in Operat. in Ps. Esto itaque עֲלָמוֹת populus Christi, cujus vita abscondita est cum Christo in Deo. Erl. A. opp. ex. XV. S. 71.

V.
Die Entscheidung in Worms.

Auf den jungen Kaiser und sein erstes öffentliches Auftreten in Deutschland auf dem bevorstehenden Reichstage waren alle Gemüther aufs Aeußerste gespannt. Die Aufregung in beiden Lagern, in die alle Denkenden sich zu theilen begannen, war nachgerade zu einem solchen Höhepunkte gelangt, daß die schlimmsten Dinge zu fürchten waren, wenn es nicht möglich war, eine allgemeine Beruhigung herbeizuführen, oder wenigstens die eine Partei zum Stillschweigen zu bringen. Waren die Hoffnungen Huttens und Genossen auf den Kaiser durch die Vorgänge am Niederrhein auch bedeutend herabgestimmt worden, so hörten ihre scharfen Auslassungen und mannhaften Ermahnungen zum Streit doch keineswegs auf. Aber auch die andere Partei suchte den Kaiser für sich zu gewinnen und ihm ihre Pläne in die Hände zu spielen, und es konnte ungewiß erscheinen, welcher Partei sich der junge, wie man glaubte, unselbständige Fürst zuwenden würde. Die Combination, daß er, um der Kurie, die so offen gegen seine Wahl intriguirt hatte, einen Schaden zuzufügen, sich des unrechtmäßig gebannten Ketzers annehmen würde, war gewiß ebenso gerechtfertigt, wie die andere, daß er ihn und seinen Anhang vernichten würde, um im Papst einen dankbaren Bundesgenossen gegen Frankreich zu haben. Einige Neigung zu einer Reform auf kirchlichem Gebiete konnte man nach dem, was die letzten Jahre in Spanien[1] gebracht hatten, immerhin erwarten. Und man erwartete sie auch und fürchtete sie zum Theil.[2]

[1] Vgl. Maurenbrecher, Studien und Skizzen I. — Doch fragt es sich, ob es passend erscheint, die dort mitgetheilten Reformbestrebungen, die doch weiter nichts sind als eine Zurückführung des verwilderten und entarteten Klerus zu einem regulären Leben und einer verhältnißmäßigen wissenschaftlichen Bildung innerhalb des starren, mittelalterlichen Kirchenthums, wirklich mit dem doch einmal seinem Begriff nach feststehenden Worte „Reformation" zu bezeichnen; auch sollten jene Reformbestrebungen nur den Absolutismus kräftigen.

[2] Vgl. Schade, Satiren und Pasquille II. S. 93 ff.

Aleanders, des päpstlichen Legaten, Bestrebungen hatten augenscheinlich nicht den von ihm gewünschten weitergreifenden Erfolg. Trotz aller angewandten Mittel konnte er vom Kaiser für das Reich kein Verbrennungsedict erreichen. Und diese Sache stellte sich allerdings in Deutschland ganz anders, als in des Kaisers Erblanden. Im Reiche galten noch die alten Concordate, in denen eine Appellation an das Concil unzweifelhaft gestattet war.[1] Und so eben erst hatte der Kaiser in seiner Wahlcapitulation geschworen, dieselben aufrecht erhalten zu wollen[2], und sich auch verpflichtet, Niemanden, welchen Standes er auch sei, unverhört und ohne ordentlichen Proceß in die Acht zu erklären.[3] Wenn nun Friedrich von Sachsen von Karl verlangte, er solle nichts ohne Verhör gegen Luther unterneh-

[1] Ich weiß sehr wohl, daß in dem Aschaffenburger Concordat die Superiorität des Concils nicht direkt anerkannt wird, doch heißt es: In aliis autem quae per fel. rec. D. Eugenium P. IV. pro natione praefata usque ad tempus futuri generalis concilii permissa, concessa, indulta atque decreta et per memoratum sanctissimum D. N. P. Nicolaum confirmata fuere in quantum illa concordiae praesenti non obvient, ista vice nihil extitit immutatum. (Bei Gärtner corp. jur. eccl. Cath. nov. 1797 I. p. 127.) Dies bezieht sich auf die drei Bullen Eugens IV. vom 5. Febr. 1477, unter denen die eine, Ad ea ex debito, die Beschlüsse des Constanzer Concils ausdrücklich anerkennt: Concilium autem generale Constantiense decretum: Frequens ac alia ejus decreta sicut vetera alia concilia etc. — — suscipimus, amplectimur, veneramur. (a. a. O. I. 108.) Die Bulle salvatoria veränderte darin nichts, sondern bestärkt nur unsere Meinung, indem sie zeigt, daß der Papst sich bewußt war, mehr nachgelassen zu haben, als im Interesse der Kurie war. Vgl. Joh. Friedrich, das päpstlich gewährleistete Recht, nicht an die Unfehlbarkeit ꝛc. in Stimmen aus der kath. Kirche der Gegenwart. München 1870. S. 281 ff.

[2] Bei Du Mont, Corps universel IV. P. I. S. 301.

[3] Ebend. S. 302. Art. 22. „Wir sollen und wollen auch fürkommen daß nun hiefür, hohes und niedern Standes, Churfürsten, Fürsten oder andere ohne Ursach, auch unverhört in die Acht oder Oberacht gethan bracht und erkläret werden: sondern in solchen ordentlichen Proceß und des Heyligen Römischen Reichs vorauffgerichte Satzungen in dem gehalten und vollzogen werden.

men, so war dies noch keine Parteinahme für denselben, sondern allein ein Recurs auf die Rechtsordnung des Reichs. Der Kaiser war auch geneigt, darauf Rücksicht zu nehmen, und schreibt unterm 28. November an den Kurfürsten, daß er mehrfach vom päpstlichen Stuhl ersucht worden sei, wie in seinen Erblanden, so auch in Deutschland die Verbrennung von Luthers Schriften zu decretiren; nach des Kurfürsten Wunsche aber, Luther vernehmen zu lassen, fordere er ihn auf, besagten Luther mit nach Worms auf den Reichstag zu bringen.[1]) Der Kaiser war also weit entfernt davon, der Kurie blos seinen strafenden Arm zu leihen, wie Aleander gehofft hatte.

Luther, von Spalatin angefragt, was er zu thun gedächte, nahm die Berufung mit vieler Freude auf; vom Kaiser gerufen zu werden, gilt ihm einem Rufe des Herrn gleich. Und wenn es sich darum handelt, das Evangelium zu vertreten, so hält er es für ein Geringes, sich der Gefahr auszusetzen, oder auch mit großer Schmach getödtet zu werden.[2])

Der Kurfürst hatte indessen, um jeden Schein einer Parteinahme für Luther abzulehnen, vielleicht auch weil er Luther in Worms nicht für sicher hielt, ablehnend geantwortet. Dieser Brief kreuzte sich mit einem andern des Kaisers, in dem derselbe von einer Berufung Luthers absah, nachdem er glaublich berichtet worden, daß Luther in des Papstes höchsten Bann gefallen und in Folge dessen das Interdict für alle Orte, die er berühre, zu fürchten sei. Nur im Falle daß Luther widerrufen wolle, was er wider Päpstliche Heiligkeit, den Stuhl zu Rom, auch wider die Gesetze oder Concilien geschrieben habe, solle er mitgebracht werden, zwar nicht bis nach Worms, aber etwa bis nach Frankfurt.

Der Einfluß Aleanders ist an diesem Schreiben unverkennbar: es ist ihm gelungen, durch Hinweisung auf Luthers Ansicht vom Concil ihn als vollendeten Ketzer hinzustellen. Es ist wohl zu be-

---

[1]) Bei Tentzel, Historischer Bericht von Anfang rc. Leipzig 1717 S. 482. Vgl. auch O. Walz der Wormser Reichstag im Jahre 1521 in Forschg. z. dtsch. Gesch. Bd. VIII. S. 25 ff.

[2]) De W. I. 535.

achten, daß in dem kaiserlichen Briefe nicht vom Widerruf einer einzigen Irrlehre die Rede ist, sondern nur dessen, was er gegen Papst und Concil gesagt hat, gedacht wird. Wir werden bald näher auf dieses Verfahren Aleanders zu sprechen kommen. Auf den Umschwung in des Kaisers Ansicht (denn daß er schon früher von der Echtheit der Bulle überzeugt war, nachdem Aleander so lange an seinem Hoflager verkehrt hatte, versteht sich von selbst) hat ohne Zweifel auch die Verständigung mit der Kurie in Betreff der spanischen Inquisition miteingewirkt.[1]

Man könnte fragen, wozu es Luthers Reise nach Worms im Falle seines Widerrufs, von der der Kaiser in seinem Schreiben spricht, noch bedurfte. Wollte man den Mönch vielleicht doch noch gegen die Kurie benutzen? —

Auch in Worms gingen die Verhandlungen nicht so schnell und so glatt von statten, wie der päpstliche Nuntius anfangs gehofft hatte.[2] Er hatte sich in den Räthen des Kaisers, von denen er in einem seiner Briefe eine interessante Schilderung giebt,[3] gründlich getäuscht. Herr v. Chievres zog die Luthersche Frage durchaus in seine politische Berechnung, und die Aussichten des Legaten stiegen und fielen, je nachdem die Verhandlungen wegen eines Bündnisses mit der Kurie vorwärts gingen oder einen Stillstand erfuhren, und Chievres hatte die kaiserliche Unterstützung mit deutlichen Worten davon abhängig gemacht.[4] Doch war es zweifelhaft, ob hiermit das Ziel wirklich

---

[1] Vgl. Ranke, deutsch. Gesch. I. 321 f. Waltz a. a. O. nimmt einen directen Einfluß der päpstlichen Erklärung vom 12. Dez. über die Aufhebung der die Inquisition betreffenden Bullen auf das kaiserliche Schreiben an. Doch konnte ein Breve vom 12. Dez. am 17. kaum in den Händen des Kaisers sein.

[2] Vgl. Joh. Friedrich, der Reichstag zu Worms im Jahre 1521 nach den Briefen des Aleander etc. in Abhandl. d. hist. Classe d. Königl. Bairischen Academie Bd. XI. 3. Abth. S. 57 ff.

[3] Es ist der zweite der von Friedrich mitgetheilten Briefe.

[4] Mi disse post multa fate chel Papa facci el suo dever et uadi dreto con noi che noi faremo tutto quello che sua Sta. uorrà, et dopoi anche molte parole mi replicò, dite pur, chel vestro Papa non uadi brogliando le cose nostre, che S. S. hauerà tutto lo che saprà da

erreicht werden würde. Die Stände waren bei den vielen Beschwerden, die sie gegen Rom hatten, nicht so ohne Weiteres gewillt, dem Kaiser hierin eine unbeschränkte Autonomie zuzugestehen. Der Ruf nach Reformen war ja ein allgemeiner, und wer wie die Meisten, noch nicht dazu gekommen war, Luthers Sache tiefer auf den Grund zu gehen, konnte in ihm leicht nur den Mann sehen, welcher den allgemeinen Bestrebungen seine Stimme geliehen hatte. Und das Concil galt noch immer der Mehrzahl als der Weg, auf dem am ersten Abhülfe geschafft werden konnte. Luthers Appellation war nicht ungehört verhallt. „Jeder fordert ein Concil," schreibt Aleander, „will es in Deutschland haben, und selbst die, welche am meisten für uns, ja für sich selbst sorgen sollten, wollen es theils aus Furchtsamkeit, theils aus Trotz, theils aus andern Absichten."[1]) Mit diesen Verhältnissen mußte man rechnen. Und Aleander verstand es dieselben für seine Zwecke geschickt zu benutzen, gerade das Concil sollte den Gegner verderben. Ganz wider seine persönliche Ueberzeugung eignete er sich den (anticurialistischen) Begriff der Infallibilität des Concils an und legte von diesem aus die Minen gegen die gegnerischen Bestrebungen, zumal jetzt trotz der neuen päpstlichen Bulle wider Luther und der neuen Concessionen an Karl in der spanischen Frage[2]) seine Räthe immer wieder darauf zurückkamen.

Am 13. Febr.[3]) wurde ein päpstliches Breve an den Kaiser

---

noi demandar, altramente se li mouerà tale intrico, che harà ben a far a districarsi, et altre parole di simile sententia assai familiarmente, et priuatamente, doue comprehendo, che da qualche mese in qua presertim doppo che Cesar parlò al Duca di Saxone a Cologna semper lor habbino fatto concetto di scruirsi delle cose di Martino. Friedr. S. 124.

[1]) Man erinnere sich an die gravamina Georgs von Sachsen, worin es heißt: Maxima miserarum animarum damnatio ex scaudalo oritur, quod Clerici dant. Unde necesse est reformationem universalem institui, quae commodius fieri nequit, quam in concilio generali, itaque ejus promotionem omnes summo studio et debita cum submissione petimus. Seck. I. 146.

[2]) Vgl. Ranke, I. 328 ff.

[3]) Vgl. den Bericht des Frankfurter Abgeordneten zum Reichstage, Philipp Fürstenberger, bei Steitz, die Melanchthons- und Luthersherbergen (Neujahrs-Bl. des Frankfurter Geschichtsvereins 1861.) S. 47.

die Bulle betreffend in der Reichsversammlung verlesen, und Aleander erhielt die Erlaubniß, es zu befürworten, was er denn in einer langen Rede that.[1]) Davon ausgehend, daß Luther mit seinen Anhängern das Ansehn des Kaisers und seiner Gesetze umzustoßen suche, spricht er die Hoffnung aus, daß der Kaiser und die Fürsten den Mann nicht dulden würden, der den Johannes Hus und den Hieronymus von Prag aus der Hölle hervorrufe. Indem er dann Luthers Angriffe gegen das Papstthum nur kurz berührt, setzt der Legat sein bisheriges nur zum Theil mit Erfolg gekröntes Wirken gegen den Ketzer auseinander und kommt dann wieder auf Luthers Stellung zum Concil zu sprechen. Dabei führt er die Stelle aus der Schrift assertio omnium articulorum an, wo Luther alle zu Costnitz verdammten Artikel als christlich bezeichnet.[2]) „Welch eine große Verstoßung," ruft Aleander aus, „was das heilige Concilium gelobt, verdammt Luther, was dasselbige verdammt lästert er."[3]) Nachdem er dann noch einzelne Ketzereien erwähnt hat, wendet er

[1]) Bei Förstemann, neues Urkundenbuch. Hamb. 1842. S. 27 f. Ich kann die dort mitgetheilte Rede nicht wie Walz u. a. blos für einen Auszug halten, sondern für die möglichst wörtliche (übersetzte) Wiedergabe der Rede, die Brück für den krankheitshalber abwesenden Kurfürsten anfertigte und mit erläuternden Zusätzen vermehrte. Dagegen spricht nicht, daß Aleander in seinem Berichte nach Rom noch vieles Andere gesagt haben will, wie von der Begünstigung Karls des Großen und der Ottonen durch Uebertragung des Kaiserreichs, und daß es dem Papst zustehe, die Kaiserliche und die Kurfürstlichen Würden den Deutschen wieder zu entziehen. Solche Neußerungen hat er jedenfalls nicht zu thun gewagt, sonst hätten die sächsischen Räthe gewiß nicht unterlassen, gerade diese Anmaßungen zu erwähnen. Im Angesichte seines Sieges nimmt er den Mund etwas voll und stellt sich der Kurie gegenüber kühner als er war, so daß er sogar sagt, er habe so gesprochen, als ob er zwanzig Jungens eine Lection gäbe (come Jo fosse stato a lezzer una lezzione a XX fanciulli bei Friedrich S. 103) wovon in der durchaus maßvoll gehaltenen Rede nichts zu merken ist.

[2]) Die Stelle findet sich Erl. A. 24, 134.

[3]) Bei Förstemann a. a. O.

sich zum dritten Mal zum Concil und sagt hier nicht ohne Rücksicht auf die nationale Anschauung, daß Luther es sogar wage, das Constanzer Concil, wo doch der Kaiser Sigismund und der größte Theil der deutschen und italienischen Prälaten zugegen waren, eine sentina diaboli zu nennen. Luther kommen zu lassen, um ihn zu verhören, wie etliche vorschlügen, sei durchaus unnöthig, denn er habe ja öffentlich erklärt, daß er sich nicht wolle weisen lassen, auch wenn ein Engel vom Himmel dazu käme. Es könne darum auch gar Nichts auf sich haben, wenn er vom päpstlichen Stuhl an ein Concil appellire, denn er verachte ja das Concil und verwerfe dessen Erklärung. Wer solle ihn da hören oder Richter in der Sache sein? Zum Schluß fordert Aleander den Reichstag auf, ein allgemeines Edict ergehen zu lassen, wonach alle Bücher Luthers zu verbrennen seien, — ihn selbst zu verbrennen fordert er nicht, obwohl er im Allgemeinen sich durchaus für die Rechtmäßigkeit der Ketzerverbrennung ausspricht.

Man muß zugeben, daß Aleander sehr geschickt gesprochen hatte, indem er sich auf den Standpunkt der deutschen Nation stellte, deren Panier noch immer das Concil von Kostnitz war, auf das sie mit Stolz zurückblickte, ohne darüber zu reflectiren, wie viel sie von dessen Errungenschaften noch besaß. Und dieses heilige Concil hatte Luther angegriffen, und damit auch die deutsche Nation, in jenem Kaiser Sigismund auch den Kaiser Karl. Luther schien danach nicht blos ein Ketzer, sondern auch ein politisch gefährlicher Mann. Dabei hatte es Aleander schlauerweise unterlassen, etwa unter Anziehung des Verbotes Pius II., Luthers Berechtigung, an ein Concil zu appelliren, zu bestreiten, und nannte es nur muthwillig, dies zu thun, nachdem er die Concilien selbst verworfen habe.

Diese Darstellung der Sachlage, die mehr oder minder belegt wurde, mußte Eindruck machen. Die ganze Versammlung mußte sich dadurch in ihren heiligsten Gefühlen und Anschauungen verletzt fühlen. Aleander konnte mit Recht einen Triumph verzeichnen, und Luthers Gemeingefährlichkeit stand über allem Zweifel. Es konnte sich nur noch um die einzuhaltende Form handeln.

Den Reichsständen wurde bald darauf, wenn nicht schon an demselben Tage, von Seiten des Kaisers ein Edictsentwurf vorgelegt,¹) der sich die Aleandrischen Expectorationen ganz zu eigen gemacht hatte. So begründet man darin das Absehn von einem Verhöre damit, daß es unnöthig, ja ungebührlich sei, einen Menschen zu verhören, der sich gegen die Concilien erkläre, und darum wird rundweg vorgeschlagen, der päpstlichen Bulle „die Hülfe des weltlichen Schwertes mitzutheilen." Doch waren die Stände nicht gewillt, dieses Mandat bedingungslos anzunehmen, und man war allseitig in großer Verlegenheit darüber, was zu machen sei. Ja im kaiserlichen Rath selbst war man nicht einig und Herr v. Chievres und Mercurinus Gattinara waren noch immer der Ansicht, die Sache ließe sich ohne Concil nicht bewältigen.²) Es kann fraglich sein, ob er dies im Ernst so meinte, aber es paßte in seine Politik, sich von Zeit zu Zeit dieses Schreckschußes zu bedienen.

In eigenthümlicher Weise suchte indessen ein Mann eine Verständigung herbeizuführen, der vermöge seiner einflußreichen Stellung Manches eher als ein Andrer zu erreichen hoffen durfte, es war dies der kaiserliche Beichtvater Johann Glapio. Von Aleander wurde er anfangs gefürchtet, weßhalb sich der Legat es ganz besonders angelegen sein ließ, ihn in das Interesse der Curie zu ziehn. Er glaubt auch sehr bald ihn gewonnen zu haben,³) hält es aber doch noch für nöthig, eine besondere Anerkennung für ihn von der Kurie zu erbitten⁴), worauf er ihn denn für ganz sicher ansieht, zumal sich Glapio erbietet, unter seinen Ordensbrüdern die Bannbulle möglichst zu verbreiten und auch dafür zu sorgen, daß die dem Orden etwa dadurch entstehenden Kosten nicht gescheut würden. Als nun aber Friedrich von Sachsen durch den Kanzler Brück bei Glapio nachforschen ließ, wie etwa der Kaiser persönlich sich zu der ganzen

---

¹) Förstemann a. a. O. S. 35.

²) Auch schienen die Constellationen nicht günstig. Vgl. Aleander bei Friedr. Contra autem el Canselliere semper ci dice, che e impossibile metter fin a questa cosa senza Concilio et che fata obstant.

³) El confessor per le gentilezze, che gliusò N. Signore est factus multo equior alle cose di Roma, che il cognoscea per avanti, però fa bono offitio et ben si vede che buono far sempre ben ad altri. a. a. O. 93.

⁴) Vgl. den ganzen Brief vom 18. Febr. 1521. Friedrich. a. a. O. 104.

Sache verhielte, stellte sich der Beichtvater trotz der eingehenden Instructionen, die ihm Aleander über die lutherischen Ketzereien gegeben, ganz anders dar, als es dem Legaten lieb sein mochte. Unzweifelhaft gehörte Glapio zu jener Partei unter des Kaisers Räthen, die nicht in allen Punkten gemeinsame Sache mit Rom machen wollte.[1]) Bestimmten Chievres dabei ausschließlich politische Gesichtspunkte, so kam bei Glapio hinzu, daß er als sittenstrenger Mönch gewissen Reformen nicht abgeneigt war. In den Verhandlungen,[2]) die er mit Brück führte, erscheint er als ein Mann, der im Großen und Ganzen mit Luther einverstanden sein will, ja sogar vorgiebt, daß der Kaiser nicht ohne Vergnügen Luthers erste Schriften gelesen habe; nur wünscht er, daß gewisse Sätze, die besonders aus der Schrift de captivitate und assertio articulorum[3]) ausgezogen sind, zurückgenommen werden möchten. Oeffentliche Verhandlungen hält er für nutzlos, doch ist er nicht abgeneigt auf den Lieblingsgedanken des Kurfürsten einzugehen, die Sache frommen, gelehrten und unverdächtigen Männern zu überantworten. Dasselbe will er schon dem Herrn von Nassau vorgeschlagen haben. Friedrich von Sachsen, der jedes offene Auftreten für Luther vermeiden wollte

---

[1]) Ueber diese Vermittelungspartei vgl. Anhang II.

[2]) Förstemann a. a. O. S. 36 ff. Die Verhandlungen haben vor dem 18. Fbr. stattgefunden. Vgl. den Brief bei Friedr. S. 104. Quinimo esso medemo Duca di Saxonia ha mandato un suo consigliere lutheranissimo più di 7 o 8 di continui a conferir quotidie tres vel quatuor horas cum detto confessor, sed frustra fuit laboratum. Nach diesem Citat und nach Brücks Aussage (Auff das anbrengen wie mir e. c. f. g. gnedigster Churfürst und Herr befolen, habt kavr Mt Beichtvater disse andtwordt gegeben) muß man annehmen, daß die Verhandlungen von Sachsen ausgegangen sind. Daß Glapio bei einem nicht abzuleugnenden Interesse an eine theilweise Reformation doch gleißnerisch handelte, geht hervor aus seiner Bereitschaft für die Verbreitung der Bulle zu sorgen, (vgl. Friedr. a. a. O. S. 98) dort übertrifft er selbst Aleander und wünscht 400 Exemplare der Bulle, während jenem 300 genügen. Gegen Maurenbrecher a. a. O. 258 ff.

[3]) Wie sehr man auch hier Luthers Stellung zum Concil hervorhob, zeigt der Umstand daß aus assert. articul. nur die das Concil betreffenden Sätze ausgezogen sind. Bei Förstemann a. a. O. S. 45.

und wohl auch an dessen Widerruf zweifelte, ließ sich nicht weiter darauf ein.¹) — Wenn man auch im Einzelnen nicht genau angeben kann, wie weit es dem kaiserlichen Beichtvater Ernst war mit seinen Zugeständnissen, so kann man aus diesen Verhandlungen doch immerhin die Politik der kaiserlichen Räthe erkennen. Dort war ein Vergleich mit Luther das Wünschenswertheste, und die päpstliche Bulle galt als kein Hinderniß. Auch muß man beachten, daß von dem jus divinum des Papstthums in jenen zu widerrufenden Artikeln nicht die Rede ist, sondern nur von den schmähenden Bezeichnungen wie „Antichrist", und daß Glapio das Recht, Luther ungehört zu verdammen, ebenfalls bestreitet. Unterdessen hatte der Reichstag Luthers Berufung gewünscht,²) wenn auch nur, um unter Ausschluß jeder Disputation den Widerruf aller Artikel, die wider den heiligen christlichen Glauben gerichtet sein, von Luther selbst zu vernehmen. Wenn Luther sich dazu verstünde, so sollte er in andern Punkten und Sachen gehört werden. Diese andern Punkte sind jedenfalls die Beschwerden gegen das Papstthum, auf deren Abstellung man jetzt mehr als je drang.

Die Fürsten hatten sich also Aleanders Auffassung nicht unbedingt angeschlossen, und sein Zorn über diese Wendung der Sache ist leicht erklärlich. Dazu erfolgte die Berufung Luthers am 6. März von Seiten des Kaisers in der freundlichsten Weise, die für den Legaten im höchsten Grade anstößig war. Auch war in dem Schreiben von der Forderung eines Widerrufs Nichts gesagt.³) Um so wunderbarer mußte es erscheinen, daß sich der Kaiser nicht abhalten ließ, ein Mandat ausgehen zu lassen, welches gebot, alle Schriften Luthers, da sie von einer päpstlichen Bulle verurtheilte Sätze enthielten, der Obrigkeit allenthalben auszuliefern, zur Verwahrung bis auf weitern Bescheid.⁴)

---

¹) Doch scheint Spalatin, wahrscheinlich nachdem die Fürsten Luthers Berufung gefordert hatten, jene Artikel an Luther geschickt zu haben. Vgl. De W. I. 574.
²) Bei Förstemann. S. 57 ff.
³) Bei Walch XV. S. 2022.
⁴) Bei Förstemann. S. 61 ff.

Gerade jetzt suchte Glapio noch einmal sein Ansehen zur Geltung zu bringen, um eine Aenderung zu Gunsten seiner Reformationsgedanken zu ermöglichen. Mit Brück, dem consigliere lutheranissimo, wie Aleander ihn nennt, war es ihm nicht geglückt, vielleicht hatte er bei dem Manne, der als der mächtigste Beschützer Luthers galt, und dessen Losschlagen durch Huttens Fanatismus angeregt man täglich fürchtete, Franz von Sickingen, einen besseren Erfolg.¹) Es gelang ihm auch den Ritter davon zu überzeugen, daß es in Luthers Interesse sei, ihn vor Worms zu warnen und eine Unterredung mit ihm zu veranstalten, doch Luther ging nicht darauf ein. Er hatte wahrscheinlich die Nachricht von seiner Berufung zugleich mit der Kunde von dem Büchermandat des Kaisers und den Artikeln, die er (nach Glapios Auffassung) widerrufen sollte, erhalten und hielt es darnach freilich für unnöthig, nach Worms zu kommen, denn einen Widerruf könnte er ebensogut in Wittenberg leisten. Falls der Kaiser ihn aber, um ihn zu tödten, vor sich fordern wolle, werde er sich gern dazu erbieten, schreibt er an Spalatin. Zugleich sendet er an seinen Landesherrn ein Schreiben, welches in schöner Leidenschaftslosigkeit seine unveränderte Stellung darlegt. Nur wenn man ihm einen Irrthum nachweise, sei er zu widerrufen bereit. Er überlasse die Sache gern unverdächtigen Richtern. Die römische Kirche wolle er in Demuth ehren und ihr nichts vorziehen, weder im Himmel noch auf Erden, nur allein Gott selbst und sein Wort.²) — Daß man damit umginge ihn zu verderben, war er überzeugt, aber um so kühner war sein Muth. Eine Woche später

---

¹) Ueber die Veranlassung vgl. Ulmann, Franz von Sickingen Leipz. 1872. S. 178 ff. die Annahme daß Glapio vom Kaiser Karl geschickt sei, wie Waltz und Köstlin die Sache ansehen, um Luther abzuhalten, bei seinem Erscheinen sich zu scharf gegen die Kurie auszusprechen, kann ich nicht theilen. Eine Reformation wollte Glapio gewiß, und es kam ihm nur darauf an zu temporisiren. Um seinen Zweck zu erreichen, suchte er Luther entweder von dem Besuch des Reichs abzuhalten, nämlich für den wahrscheinlicheren Fall, daß er nicht widerriefe, oder ihn von seinem Irrthum zu überzeugen. Es ist nicht nöthig anzunehmen, ja im höchsten Grade unwahrscheinlich, daß ihm an der Person Luthers etwas lag.

²) De W. I. 574 ff.

schreibt er: Mein Widerruf wird dies sein: Früher habe ich gesagt, daß der Papst der Stellvertreter Christi sei, jetzt widerrufe ich es, und sage der Papst ist der Widersacher Christi und der Abgesandte des Teufels.[1]

Vom Kaiser gerufen zog er unerschrocken seines Weges,[2] obwohl man ihn überall von seinem Vorhaben abmahnte, und er nicht daran zweifelte, daß das kaiserliche Mandat um ihn zu schrecken verbreitet war.[3] Als er in Worms am 16. April eingetroffen war, erklärt er sich bereit, jetzt mit dem kaiserlichen Beichtvater sich zu unterreden. Doch nun lehnte dieser es ab. Er mochte, nachdem Luther wirklich erschienen, nichts mehr für seine Pläne hoffen.

Am folgenden Tage Nachmittags sechs Uhr erschien Luther vor dem versammelten Reichstag.[4] Daß man kaiserlicherseits die Sache rein formell behandeln wollte, konnte man sofort erkennen. Der Official von Trier, Eck, legte im Auftrage des Reichs Luther nur die beiden Fragen vor, ob er die vor ihm liegenden Bücher als die seinigen anerkenne, und ob er bei der in denselben vorgetragenen Meinung verharre oder sie widerrufe. Als nun Luther die erste Frage unbedingt bejahte, wegen der Wichtigkeit der zweiten aber sich Bedenkzeit erbat, konnte er diese nur mit Mühe erlangen. Eck berief sich freilich mit Unrecht auf das Citationsschreiben[5], denn nach diesem konnte man ein regelmäßiges Verhör erwarten.

Bei dem zweiten Verhöre am folgenden Tage waren weder Aleander noch sein College zugegen,[6] sie mochten fürchten harte

---

[1] De W. 1. 580.
[2] Ueber die Reise vgl. Köstlin 1. 438 ff.
[3] De W. 1. 586 f. Ich beziehe diese Stelle auf die Mittheilung Luthers von dem Zwecke des Mandats, denn von dem Mandat wußte Luther ja schon früher. S. oben. Vgl. auch Müller, Staatscabinet. VIII. S. 296. „Glapio habe verlauten lassen, wie man Luther kein Geleit halten, sondern ihm eben eine solche Tragödie machen, wie mit Johann Hussen, der eben also stark Geleit als Er gehabt" 2c.
[4] Für das Folgende vgl. besonders die scharfsinnige Untersuchung Köstlins, Luthers Rede in Worms. Halle 1874.
[5] Acta D. M. Lutheri etc. opp. var. arg. VI. p. 8.
[6] Nach dem Bericht des Augsburger Gesandten Peutinger. Augsb. Allgem. Zeitung 1868 Nr. 175 Beilage. Daselbst finde ich auch die Oert-

Dinge zu hören. Von Eck nicht gerade freundlich empfangen beantwortete Luther in gewandter Rede die ihm am Tage vorher vorgelegte zweite Frage: Seine Bücher seien dreierlei Art, die einen, die erbaulichen, würden auch von seinen Widersachern nicht verdammt; die zweiten seien gegen den Papst und die römische Tyrannei geschrieben, die, wie Niemand leugne, die Gewissen der Christen besonders in der deutschen Nation aufs jämmerlichste gefangen nehme. (Für diese berief er sich auf zwei Stellen des römischen Rechts, wonach Gesetz und Lehren des Papstes, die dem Evangelium und den Vätern widersprächen, für verwerflich gehalten werden sollten). Wenn er nun diese Schriften widerriefe, so würde er, weil er es aus Autorität Kaiserlicher Majestät und des ganzen römischen Reichs gethan zu haben scheine, die römische Tyrannei nur noch stärken und der Gottlosigkeit nicht nur die Fenster sondern auch die Thüren öffnen. In der dritten Art seiner Schriften, die gegen einzelne Verfechter des römischen Unwesens abgefaßt seien, bekennt er heftiger gewesen zu sein, als sich zieme. Doch könne er auch diese nicht widerrufen, wenn er nicht durch Gründe aus der Schrift des Irrthums überführt würde. Geschähe dies, so werde er der erste sein, der seine Bücher ins Feuer würfe. Was die Zwietracht und den Aufruhr, den er erregt haben solle,[1] anbeträfe, so sei dies nach der Schrift der Lauf des göttlichen Wortes. Zuletzt warnt er davor, daß man nicht mit Verdammung des göttlichen Wortes beginne, woraus eine unerträgliche Sintfluth von Uebeln entspringen könne, und daß nicht

---

lichkeit der beiden Verhöre unterschieden: das erste Mal „ist er gen Hof erfordert — — — in einer Hofstuben durch den official von Trier angesprochen worden;" das zweite mal: „Am Donnerstag ist er auf bemelt Zeit wider erschinen auf ainem grossen sal." In keinem andern der von mir verglichenen Berichte wird dies bemerkt, doch verdient Peutinger, der zugegen war, (vgl. Schluß des Berichts) wohl Glaubwürdigkeit.

[1] Die Acta haben de quibus heri graviter et fortiter admonitus fui. Spengler bei Förstemann S. 74. „Aber als Ime fürgehalten were, das Er eynigkeit der kirchen nit zu trennen, noch Ursach darzu geben solt." Das setzt Weiteres voraus, als uns von der ersten Verhandlung am 17. berichtet ist.

auf diese Weise der Anfang der Regierung des hoffnungsvollen jungen Fürsten Karl ein unseliger sei ꝛc.

Hierauf traten die Fürsten zusammen und berathschlagten. Man hatte eine runde Antwort erwartet und Luther hatte Gegengründe gefordert; auf eine Disputation wollte und konnte man sich nicht einlassen, auch war dies den Nuntien feierlich vom Kaiser versprochen worden. Daraufhin wurde dem Official zu antworten befohlen. „Eynlich eynem der eyn straffen wollt" wie ein alter Bericht sagt,[1]) warf er Luther vor, er habe nicht zur Sache gesprochen, ob er denn weiser sein wolle, als so viele und gelehrte Väter vor ihm, die das, was er vorbrächte, schon durch ein Concilium, das von allen Ständen der Christenheit zu Kostnitz im heiligen Geist versammelt gewesen wäre, verurtheilt hätten. Es sei nicht nöthig zu disputiren um ihn zu überwinden, da ja das in seinen Büchern enthalten sei, was die Armen von Lyon, Wiclif, Hus und andere behauptet hätten, und was schon durch die Concilien verdammt sei.[2]) Man dürfe diese Concilsbeschlüsse in keinem Falle in Zweifel ziehen, denn viele gelehrte Leute hätten ihre Lehren, welche sie gegen jene Ketzerei erhoben, zum Theil mit ihrem Blute bekräftigt. Auch könne man nicht glauben, daß Gott seine Kirche habe bisher irren lassen. Luther möge daher die zu Kostnitz verurtheilten Artikel widerrufen, um die Bücher zu erhalten, worin von denselben nicht gehandelt würde. Dadurch würde er dem Schicksale des Ketzers Arius entgehen, dessen Bücher alle verbrannt wurden, ungeachtet er auch vieles Christliche geschrieben habe.[3]) Darum möge er eine responsionem non cornutam neque palliatam geben, ob er die besagten Artikel widerrufen wolle oder nicht. Darauf antwortete Luther: „Wenn ich nicht durch Schriftzeugnisse oder augenscheinliche Gründe überführt werde (denn ich glaube weder dem Papst noch den Concilien allein, da es feststeht, daß sie öfters ge-

---

[1]) Spalatins Bericht bei Förstem. a. a. O. Acta: increpabundo similis.

[2]) Vgl. hierfür die Berichte von Fürstenberger, Peutinger und Spengler a. a. O.

[3]) Nach Spengler a. a. O.

irrt haben und sich selbst widersprochen), so bin ich überwunden durch die von mir angeführten Schriften, und mein Gewissen gefangen im Worte Gottes; widerrufen kann ich und will ich Nichts, da gegen das Gewissen zu handeln unsicher und unehrlich ist.[1])

Noch einmal fragte darauf im Namen des Kaisers der Official, ob Luther wirklich glaube, daß das Concil irren könne, worauf Luther erwiderte, das Concil zu Kostnitz habe in vielen Stücken wider klare und helle Texte der heiligen Schrift determinirt, und die Schrift bringe ihn darum dazu zu sagen, daß das Concil geirrt habe.

Als Eck dies leugnete, sagte Luther, er wolle es beweisen.[2]) — Man war gerade daran, in eine wirkliche Disputation zu gerathen, da erhob sich der Kaiser über diese unerhörten Aeußerungen aufgebracht und machte den Verhandlungen ein rasches Ende. Darüber entstand ein allgemeiner Lärm, in welchem sich Luther dem Kaiser empfahl und zuletzt ausrief: „Ich kann nicht anders, hier stehe ich, Gott helfe mir, Amen!"

Diese Verhandlungen, die wir, so weit es nach den vielfach variirenden Berichten möglich, zu reconstruiren gesucht haben, zeigen deutlich, daß es sich fast ausschließlich um Luthers Stellung zum

---

[1]) Opp. VI. p. 13 ff. Daß hier die Darstellung der Unterredung ungenau, besonders der Inhalt der auf S. 14 mitgetheilten Entgegnung mit der auf S. 13 zusammengefaßt werden muß, geht aus den Berichten der Ohrenzeugen hervor. Schwierig ist die Stellung des bekannten Ausrufs: Hie stehe ich ꝛc. Vgl. hierüber Burkhardt, Studien und Kritiken 1869 S. 547 ff. Knaake, Ztschr. für ges. lutherische Theol. 1870 S. 74. Köstlin, Luthers Rede in Worms, Halle 1874. Mönckeberg, Studien und Kritiken 1876 II. Heft. Nach alle dem ist die Authentie fest zu halten (gegen Lang, Martin Luther Berl. 1870. S. 335 und Schenkel, Luther in Worms S. 125.) Doch kann ich nicht mit Köstlin (in seinem Luther) annehmen, daß Luther die Worte „Gott helfe mir" zweimal gesagt hat, am Schluß der zweiten Rede und zu Ende der ganzen Verhandlung, sondern entweder da oder dort. Für die Stellung ganz ans Ende spricht unbedingt der klare Bericht Peutingers. Hier konnten sie auch viel leichter überhört werden, wie Peutinger auch die andern Worte überhört hat.

[2]) Nach Spengler a. a. O.

Concil handelt. Der von Aleander hervorgehobene Widerspruch Luthers gegen dieselbe hatte alle andern Fragen verdrängt, und selbst diejenigen, welche in Luther den Herold der Reichsbeschwerden sahen, schreckten vor dem Satze, daß das Constanzer Concil geirrt habe, entsetzt zurück. Unter den Reichsständen war wohl Niemand, der diesen Satz vollständig begriffen hätte, auch von Friedrich dem Weisen und seinem Kanzler muß dies gesagt werden. Man hatte wohl einzelne neue tröstliche Lehren für wahr anerkannt, aber noch nicht ihren Zusammenhang verstanden, denn man hatte sie nicht wie Luther erlebt. Um das evangelische Recht der Subjectivität wirklich würdigen zu können und ihm den Beigeschmack der hochmüthigen Anmaßung zu nehmen, bedurfte es noch geraumer Zeit und einer tieferen selbständigen Schrifterkenntniß. Wir können uns daher nicht wundern, wenn man mit der Unfehlbarkeit des Concils alle Sicherheit und Festigkeit des Glaubens zu verlieren meinte. Es sprach sich darin instinctiv der Gedanke aus, daß damit die Bedeutung jedes objectiven Kirchenthums in Frage gestellt wurde. Um so mehr mußten Beide, die Luther zu retten, und die, welche ihn nur zu benutzen wünschten, ein hohes Interesse daran haben, daß Luther wenigstens diese offenbare Ketzerei fahren lasse. Die Möglichkeit, bei dem Einen zu beharren, und Anderes zu widerrufen, legte der Official schon durch die Fragestellung vom 18. April nahe. Wenn wir recht berichtet sind, sagte damals Eck, visne libros tuos agnitos omnes tueri, an vero quidquam retractare, während er am Tage vorher gesagt hatte, an illos (sc. libros) et earundem contenta retractare et revocare, vel inhaerere iisdem potius et inseverare velis? Aber Luther, der unter Arbeit und Kampf zu seinem jetzigen Standpunkt gekommen war, war es unmöglich, auch nur den kleinsten Satz zurückzunehmen, denn damit fiel sein ganzes Gerüst zusammen.

Der Kaiser war der Ansicht, daß nunmehr dem Rechtsgefühl der Deutschen genug gethan sei, und berief am andern Morgen die Reichsstände, um ihnen den Luther zu ertheilenden Abschied vorzulegen. Er hatte ihn selbst abgefaßt und an die Kurie geschickt, wofür er denn auch das gebührende Lob erhielt.[1]) Er sagt darin,[2])

---

[1]) Pallavicini lib I. Cap. XXIII.
[2]) Förstemann a. a. O. S. 75.

wie seine Vorfahren stets die Förderer des katholischen Glaubens, seiner Ordnungen und Einrichtungen gewesen sein, so habe er beschlossen, Alles was durch seine Vorgänger und zwar besonders, was auf dem Constanzer Concil bestimmt sei, aufrecht zu erhalten, denn mit seiner Privatmeinung kämpfe der einzige Frater gegen die ganze Christenheit und mache Alle zu Ketzern. Er bedauert, die Sache Luthers, dessen halsstarrige Antwort sie gestern gehört hätten, so lange hingezogen zu haben und will nichts mehr von ihm wissen, wenn ihm auch das freie Geleit nicht entzogen werden soll.

Die Reichsstände[1]) setzten es indessen durch, daß eine Commission mit der Aufgabe betraut wurde, Luther noch auf den rechten Weg zu bringen. Besonders interessirt dabei war der dem Kurfürsten von Sachsen persönlich nahestehende Erzbischof von Trier, Richard von Greiffenklau. Dieser übertrug im Einverständniß mit den übrigen Mitgliedern der Commission, Joachim von Brandenburg, Georg von Sachsen, Conrad Peutinger ꝛc., dem Canzler des Markgrafen von Baden, Dr. Hieronymus Vehus, einem gewiegten Juristen, das Amt eines Sprechers, um Luther durch freundliche Zusprache zu bekehren. Daß man einen Laien dazu ausersah, muß gewiß als ein Zugeständniß aufgefaßt werden.

Gegen das, was Luther vor Kaiser und Reich vorgebracht habe, machte ihn Vehus[2]) auf das testimonium ecclesiac und das testimonium conscientiae suae aufmerksam. Er giebt zwar die Möglichkeit zu, daß christliche, im heiligen Geist versammelte Concile geirrt haben, damit sei ihnen aber durchaus noch nicht die Autorität benommen, denn sie haben nicht Contraria ausgesagt, sondern höchstens diversa.[3]) Es verhält sich mit ihnen ebenso wie mit den

---

[1]) Pallavicini sagt Friedrich von Sachsen vgl. dagegen Walz a. a. O. Mitgewirkt hat gewiß auch der Umstand, daß die Fürsten nicht gewillt waren, Karls Edict anzunehmen, ohne daß sie um ihre Meinung gefragt waren.

[2]) Siehe den Bericht des Vehus mitgetheilt von Seidemann, Ztschr. f. hist. Theol. 1851. S. 84 ff.

[3]) ye nach dem sich, die leuf, gelegennheit vnnd Haltung der Christenheit erzeugt, demnach haben sy ordnungen gesetzt, vnnd ist ein grosser vnnderschied vnder widderwärtigen vnnd gesunderten, Inter contrarium et diversum, wie man das In einem Exemplo sicht De Centurione et Zache da einer Sagt Herr ich bin nit wirdig, das Du gangest vnnder mein Tach, der annder Styg ylennts vom Baum herab ꝛc. S. 87.

Reichsverordnungen, die sich auch je nach der Lage der Zeit richten. So habe die zunehmende Sünde mancherlei Satzungen nöthig gemacht, und der Gottesdienst seit den ältesten Zeiten vielerlei Verordnungen zum Lobe Gottes hervorgerufen, die gute Früchte gebracht hätten: er möge daher bedenken, ob es recht sei in diesen letzten Zeiten die Messe und andere göttliche Aemter herabzusetzen. Und endlich, wenn das nicht bei ihm verfinge, so möge er daran denken, daß es in der Schrift heißt, daß Kaiphas weissagte,[1]) weil er Hoherpriester jenes Jahres war. Um wie viel mehr müsse man annehmen, daß ein christliches Concil im Namen Christi versammelt, welches *die ganze Christenheit repräsentire*, heilsame, gute und nützliche Ordnungen hervorbringen werde zur Ehre Gottes und zum Nutzen der Menschen. Dann aber möge Luther auch sein eigenes Gewissen zu Rathe ziehen. Das werde ihn über drei Dinge belehren. Erstens, daß man nicht auf seinen eigenen Verstand bauen solle, sondern wie schon der heilige Bernhard sagt, lieber der Meinung eines Andern nachgeben. Die Väter hätten gewiß das Evangelium gelesen und die evangelische Lehre inbrünstiger bewahrt, als es jetzt gewöhnlich geschehe. Wenn er nur Gottes Ehre und der Menschen Heil suche, so möge er darüber sein eigenes Heil nicht vergessen und sich davor hüten, betrogen zu werden.

Zweitens werde ihm sein Gewissen bezeugen, daß er Aergerniß vermeiden solle. Und wie viel Aergerniß sei schon aus seiner Lehre hervorgegangen, besonders durch sein Buch de libertate, wenn es auch richtig sei, daß Paulus nur von der geistlichen Freiheit gesprochen habe! Und in andern Büchern habe er selbst die Obrigkeit mit „ettwas vnmessiger bescheidenheit" angetastet.

Drittens werde er, falls er auf seinen Irrthümern verharre, selbst die Ursache sein, daß auch die guten Früchte, die durch seine trefflichen Schriften geweckt sein, unterdrückt würden. —

So hatte noch kein Gegner mit Luther verhandelt. Vehus hatte seinen Ermahnungen die geeignetste Form gegeben. Er hatte sie Luthers Anschauungen möglichst angepaßt, das waren nicht die

---

[1]) Das wie das euangelium sagt Cayphas hat gewißsagt, Amptshalben, diewil er ein Bischoff (!) was deszselbigen Jars.

alten abgebrauchten Gründe für die Infallibilität des Concils. Vom Papst war gar keine Rede, und die Hinweisung auf Bernhard, den Luther vor Allen verehrte, geschah wohl aus gutem Bedacht.

Luther dankte für die große Güte, die er gar nicht verdiene, wies aber darauf hin,[1]) daß er durchaus nicht alle Concilien verworfen habe, sondern nur das von Kostnitz, weil dieses das Wort Gottes verworfen habe. „Das ist offenbar an dem Artikel des Joh. Hus, der daselbst verworfen wurde: Ecclesia christi est et universitas praedestinatorum." Mit diesem Artikel sei auch der Glaubensartikel verworfen: Credo ecclesiam sanctam catholicam. Lieber will er Blut und Leben daran geben, ehe er sich dazu zwingen läßt, das offenbare Wort Gottes zu widerrufen. Der Obrigkeit muß man gehorchen, und er will dieser Pflicht stets nachkommen, wenn er nur nicht genöthigt wird, das Wort Gottes zu verleugnen.

Nach kurzer Berathung wurde Luther aufgefordert, seine Schriften doch dem Urtheile des Kaisers und des Reichs zu unterbreiten. Hierzu erklärte er sich bereit, unter der Bedingung, daß die Prüfung seiner Bücher auf Grund der Schrift geschähe.[2]) Dann ging man auseinander.

Während die übrigen Stände in die Reichsversammlung gingen, versuchte Greiffenklau noch einmal persönlich auf Luther einzuwirken. Außer Luthers Freunden Schurff und Amsdorf waren nur noch Eck und Cochleus zugegen.[3]) Letztere auf geschickte Veranlassung Aleanders, der in großer Sorge war, man könnte sich vielleicht mit Luther verständigen. Auf Luthers letzte Äußerung zurückgehend hob Greiffenklau hervor, daß fast alle Ketzereien vom Arianismus an aus der heiligen Schrift entstanden seien. Für die Untrüglichkeit

---

[1]) Opp. varii arg. VI. S. 17 f.
[2]) a. a. O. p. 19.
[3]) J. Cochlaeus Commt. de actis et scr. fol. 39. Unde factum est, ut eo die, quo principes quidam seorsim cum Luthero collocuturi erant, Aleander mane hora Quarta vocaverit ad se Cochlaeum: jubens ut in Archiepiscopi Treverensis domo expectaret, donec vocaretur in Colloquium ad Lutherum: — — — — audiret solum ut fideliter referre possit.

der Concilien führte er an, daß der Herr seiner Kirche seinen Schutz versprochen, was Luther aber nicht auf die sichtbare Kirche beziehen konnte.[1]) Er blieb unbeweglich auch den ungehörigen Ausfällen des Cochleus gegenüber, der ihn hier und später mit Disputationsanträgen belästigte.[2])

Unterdessen hatte Vehus über seine Verhandlungen dem Reichstage Mittheilungen gemacht und zufolge eines Mißverständnisses die Sache so hingestellt, daß gegründete Aussicht zu einer Einigung zu sein schien.[3]) Hierdurch ließ sich der Kaiser bewegen, noch eine Frist von zwei Tagen zu gewähren. Vehus und Dr. Peutinger wurden beauftragt die Verhandlungen weiter fortzusetzen, was auch am 25. früh geschah. Luther konnte sich aber nicht entschließen, das Wort der Schrift menschlichem Ermessen unterzuordnen, zumal derer, *die* seine Schriften schon vorher verbrannt und verdammt hatten, ehe sie ihn gehört hatten. Vehus suchte ihn auf jegliche Weise zu vermögen, jene Clausel von der heiligen Schrift wegzulassen. Er meinte, es verstände sich ja von selbst, daß eine so christliche Versammlung wie der Reichstag nur nach dem Worte Gottes und dem Evangelium richten würde. Durch jene Clausel gäbe Luther schon ein gewisses durchaus ungehöriges Mißtrauen zu erkennen. Er solle sich doch dem Kaiser und der christlichen Versammlung anvertrauen. Luther wies dies nicht sogleich zurück und erbat sich Bedenkzeit. Es konnte ihm doch nicht entgehen, daß die Vermittler es gut mit ihm meinten; er konnte einen Augenblick glauben, daß man wirklich die Schrift zur Richtschnur des Glaubens machen wolle. Aber warum wollte man ihm dies dann nicht als Bedingung gestatten? Nachmittags wies er den Antrag zurück. Da fragte Peutinger, ob er

---

[1]) Pallavicini S. 43. Quia cum promissam ecclesiae assistentis Dei tutelam negare non auderet, nolebat Ecclesiam concedere visibilem ac manifestam, cujus judicio damnari posset, sed quandam Ecclesiam ad quam discernendam necesse sit impenetrabilia divinae destinationis decreta dignoscere, quo hac ratione cuicunque humano judici se subduceret, atque universa ad interiorem Dei afflatum referret hoc est ad suammet assertionem atque sententiam.

[2]) Köstlin I. 459.

[3]) Bei Seidemann a. a. O. S. 91.

denn nicht wenigstens einem Concil die Entscheidung überlassen wolle. Dem war Luther nicht entgegen, war es doch lange der Weg gewesen, auf dem er eine Entscheidung erhofft hatte. Er verlangte nur, daß man ihm die für irrig gehaltenen Artikel mittheile und die entgegenstehende Ansicht durch die Schrift bewähre. Es schien als wäre wirklich eine Einigung gefunden. Sofort begaben sich die beiden Unterhändler zu dem Kurfürsten von Trier, der über diese Kunde hoch erfreut die Sache nun in einem letzten Gespräch zu Ende bringen wollte, um dann dem Kaiser zu berichten. Aber es kam anders.

Unter vier Augen erklärte Luther dem Kurfürsten noch einmal, warum er seine Angelegenheit nicht den Reichsständen überlassen könne.[1]) Aufgefordert nun doch seinerseits Mittel anzugeben, wie eine Einigung zu erzielen sei, antwortete er mit Gamaliel (Act. 15, 38): „Ist der Rath oder das Werk aus den Menschen, so wirds untergeh'n, ist's aber aus Gott, so könnet ihr's nicht dämpfen." Er wußte selbst bei den bestehenden Rechtsanschauungen keinen andern Ausweg, als seine Sache Gott und der Zeit zu überlassen. Da fragte ihn Greiffenklau, was er denn zu thun gedächte, wenn man die Artikel, welche dem Concil vorgelegt werden sollten, ausgezogen hätte. Luther antwortete ausweichend: „Wenn es nur nicht die sind, welche das Concil von Kostnitz verurtheilt hat?" Und als der Kurfürst die Befürchtung aussprach, daß es gerade diese sein möchten, erklärte Luther, lieber Leib und Leben verlieren zu wollen, als durch Anerkennung jener Artikel vom Worte Gottes zu lassen.

Hiermit wurden die Verhandlungen abgebrochen. Noch an demselben Abend erhielt Luther seine Entlassung und die Ankündigung, daß der Kaiser nun als Beschützer des Glaubens gegen ihn vorgehen werde. Am andern Morgen reiste er von Worms ab — einer dunkeln Zukunft entgegen. — —

Man kann es bedauern, daß Luther so starr an seiner Verwerfung des Concils festhielt, da bei einiger Nachgiebigkeit viel gewonnen werden konnte. Denn außerdem, daß der Reichstag hierdurch mittelbar von Neuem zu der Erklärung veranlaßt worden wäre,

---

[1]) Opp. var. arg. VI, 21.

daß das Concil über dem Papste stehe, woburch ein unberechenbarer politischer Vortheil erwachsen konnte, hätte die neue Anschauung, ohne für häretisch gelten zu müssen, sich ungehindert ausbreiten können. Ja bei der Abneigung Roms gegen ein Concil war es denkbar, daß die neue Lehre indessen überall in deutschen Landen die Oberhand gewann, und jene Spaltung unserer Nation vermieden wurde, die wir heute mehr als je beklagen müssen.

Allein solche Reflexionen konnte Luther nicht haben, und sie konnten auch für ihn, wenn er sie gehabt hätte, nicht bestimmend sein. Der Satz von der unsichtbaren Kirche, den er durch die Anerkennung der Concilien verwarf, stand für ihn als in der Schrift gegründet so fest, daß er damit allen Grund und Boden zu verlieren fürchten mußte.

Nicht war es, wie man oft gemeint hat, die Rechtfertigung aus dem Glauben, von der der Streit ausgegangen war, um die es sich hier handelte; man hatte vielmehr gerade in jenen Einzelverhandlungen seine Lehre von der Gerechtigkeit lobend hervorgehoben, um derentwillen es zu bedauern sei, wenn seine Schriften sämmtlich vernichtet würden. Sondern es war die Cardinalfrage zwischen Protestantismus und Katholicismus, die schon hier in ihren Grundzügen zum Austrag kam, die Lehre von der Kirche und ihren Organen. Luther selbst faßte die Sache schon so auf und meint, daß sich Alles an dieser Frage gestoßen habe[1]).

Auf der andern Seite aber muß man zugeben, daß kein andrer Ausweg möglich war, als daß Luther verurtheilt wurde. Die Leugnung der Concilien hatte die Ketzerei bis zur Evidenz erwiesen, auch den ihm freundlich gesinnten Ständen. War man schon aufs höchste darüber ergrimmt, daß Luther das Constanzer Concil verwarf, so doch noch viel mehr darüber, daß er auch ein künftiges Concil nicht anerkennen wolle, wie es im kaiserlichen Edict gegen ihn heißt, „daß er auch ein gemein Concilium (obgleich wol ains sein wurde) verdechtlich und Arkwenig halte. — — Es sei denn das Er von ainem gelerten Mann oberwunden werde. Doch nach seyner Regel vnd nit aus den Concilien: noch auß Kaiserlichen oder

---

[1]) De W. I. 596.

Gayftlichen gefeßen, noch aus ainicher Väter Autoritäten wie heilig die fein, sondern allein aus den worten der hailigen schrifft: die er vermaint: nach seinem Synn zu ersettigung seins zufelligen gemuts verstanden werden sollen."[1]) Dies ist die durchgehende Motivirung des umfangreichen Edikts, welches der Kaiser im Einverständniß mit den Ständen gegen Luther erließ. Es hatte die Verhältnisse ziemlich richtig erfaßt, indem es Luthers Ansicht von Concil und Kirche betonte.

Aber jenes Edict, welches Luther als ein von der Kirche Gottes abgehauenes Glied bezeichnete, welches ihn für vogelfrei er= klärte, wurde für ihn zu einem Freibrief seines Gewissens. Erst jetzt wurden er und seine Anhänger als Ausgestoßene wirklich frei von den Banden der römischen Kirche, trat das Subject ganz und voll in seine Rechte. Damit beginnt eine neue Zeit innerhalb der christlichen Gemeinschaft, die Zeit des Glaubens an eine unsichtbare Kirche, oder um richtiger mit Richard Rothe zu sprechen, die Zeit der Auflösung der Kirche — ins Reich Gottes, wo sich dieselbe immermehr auf ihren Beruf besinnt, nichts Anderes zu sein als eine Ruferin im Kampf um die Aufrichtung eines Gottesreiches auf Erden. —

---

[1]) Nach einem alten Drucke auf der Marburger Bibliothek.

Anhang.

I.

Ueber die Echtheit des päpstlichen Breves vom 23. Aug. 1518.

Die Echtheit des päpstlichen Breves vom 23. August 1518 an den Cardinal Cajetan ist mehrfach angefochten worden, besonders von Ranke, Deutsche Geschichte Bd. 6, S. 97. (4. Ausg.) Es ist allerdings mehr als auffällig, daß die Kurie, nachdem sie Luther in seiner Citation, die er am 21. August empfing, eine Frist von 60 Tagen zur Romreise vergönnt hatte, schon am 23. August schreiben soll: dictum Lutherum, haereticum per praedictum auditorem jam declaratum ad personaliter coram te comparendum — — cogas atque compellas et eo in potestatem redacto sub fideli custodia retineas. (Löscher II. 438.) Hiermit soll auch nach Ranke im Widerspruch stehen die Äußerung des Cardinals an den Kurfürsten vom 25. Oct. Sciat dominatio vestra. nequaquam hoc tam grave et pestilens negotium posse diu haerere, nam Romae persequentur caussam. (Löscher II. 529.) Das hätte Cajetan nicht sagen können, wenn Luther schon als Ketzer verurtheilt gewesen sei, auch habe Luther selbst das Breve für untergeschoben gehalten.

Dagegen ist anzuführen: 1. Bei der Stimmung der Richter und der Stellung derselben zu Luther besonders des Sylvester Prierias, von dem die andern als Nichttheologen abhängig waren, ist eine derartige Beschleunigung des Processes nicht so undenkbar, auch nehmen es die Römischen mit der Einhaltung der Fristen nicht so genau. So läßt der päpstliche Legat Aleander Luthers Bücher in Cöln verbrennen, noch vor Ablauf der in der Bannbulle gewährten Frist. 2. Leo X. nennt in dem gleichzeitigen Schreiben an den Kurfürsten Luther einen „Sohn der Bosheit" (filium iniquitatis Löscher II. 443.) Ist diese Äußerung im Munde des Papstes nicht einer Verurtheilung gleich zu achten? 3. Der Cardinal beruft sich selbst darauf, daß er Luther gefangen nehmen und abführen lassen könne: (so auch Köstlin I. 787. Vgl. Myconius histor. ref. ed Cyprian. 33. „und ließe sich hören, er hatte Befehl, daß er beyde Staupitzen und Lutherum sollt gefänglich annehmen und gen Rom schicken. cf. Opp. II. 357. Sed simpliciter et nude me ad revocationem adigere voluit, minando mihi, quod nisi vel hoc facerem, vel Romae in quodam termino penso in citatione per supradictos praetensos judices praefixo comparerem, me et omnes mihi adhaerentes et faventes sententia excommunicationis innodare ac ceteros quoscunque ad quos me declinare contigerit, ecclesiastico interdicto supponere vellet. **Super quibus omnibus sese mandatum sufficiens habere dixit.** 4. Wenn Luther anfangs das Breve für unecht hält, so kann das gar nicht in Betracht kommen, da er öfters zum Schein solche Aeußerungen gethan hat, um unter diesem Vorgeben seine Gegner schärfer angreifen zu können. (Vgl. ganz denselben Vorgang bei der Bannbulle.) Demnach wird das Breve für echt zu halten sein. Wenn Ranke durchblicken läßt, daß es von Cajetan selbst abgefaßt sein könnte, so läßt sich dafür gar kein Zweck absehen, auch wäre die Veröffentlichung eines solchen Falsums von Seiten eines Cardinals doch ein zu starkes Stück gewesen. – –

II.
Ueber die Vermittelungspartei am kaiserlichen Hofe.

Der intellectuelle Urheber der vermittelnden Richtung am kaiserlichen Hofe scheint mir Erasmus gewesen zu sein. Wenn man die von Glapio vorgetragenen Ansichten mit denen des Erasmus vergleicht, (vgl. Woker, de Erasmi Roterdami studiis irenicis Paderbornae 1872. S. 22 ff.) so ist die größte Uebereinstimmung ihrer Meinungen nicht zu verkennen. Mit der Bulle waren Beide nicht zufrieden. (Vgl. Bulla terrifica. Erasmi epp. 490. [Opp. Tom. III. ed. Le Clerc. 1703.]) Mit Gewalt könne die Sache nicht beigelegt werden, hatte Erasmus dem kaiserlichen Rath Peutinger geschrieben, eher mit Milde.

Man müßte solche Mittel auswählen, die geeignet wären, zuerst den Frieden herzustellen, nicht Luther zu bestrafen, und weiter unten sagt er: Primum ut sic consulatur dignitati et auctoritati Romani Pontificis, cui merito favent omnes, ut Christi vicario summo, qui Christum ex animo diligunt, nequid jacturae patiatur Evangelica veritas (epp. p. 590. Woker a. a. O. S. 23 giebt zu Gunsten der von ihm zu zeigenden Irenik diese Stelle in einem ganz falschen Sinne wieder). In diesem Sinne hatte Erasmus beim Kaiser und seinen Räthen während seiner Anwesenheit in Köln zu wirken gesucht und auch einem darauf bezüglichen Schriftstücke (tenebatur autem esse cujusdam ex ordine Dominicalium p. 637 vgl. mit 590 f. ergiebt den Johannes Faber als Verfasser. Ist dieses Schriftstück noch vorhanden? Der betreffende Brief ist übrigens nicht, wie irrthümlich Durand de Laur. II. 324 schreibt, an Peutinger, sondern an Aloisius Marlianus, episcopus Tudensis gerichtet) durch sein Ansehn Nachdruck verliehen. Das war aber geschehen noch vor Bekanntwerden von Luthers Schrift de captivitate (nec ad huc editis libris, qui plurimorum animos Luthero alienarunt), die er wie Glapio für ein großes Übel ansehen mußte. Als Aleander, von dem er sagte, factus, ut apparet, ad hanc tragoediam (Br. an Jonas vom 11. Nov. 1520 epp. p. 592. Der Ausdruck tragoedia für die ganze lutherische Angelegenheit wird von ihm öfters gebraucht und ist höchst charakteristisch für Erasmus) in Cöln erschien und immer mehr Einfluß gewann, zog sich Erasmus hierdurch verletzt zurück und lehnte es ab, den Kaiser zum Reichstage zu begleiten. (Durand de Laur I. 314 f. Ueber die Feindseligkeiten mit Aleander vgl. Münter vermischte Beiträge S. 48 ff. und Aleanders Briefe bei Friedrich a. a. O.)

Allerdings leugnet Erasmus (Spongien bei Böcking II. 287 unter Bezugnahme auf Huttens Beschuldigung in der expostulatio ebendas. 216 ff.) jede Einwirkung auf Glapios Verhandlungen, giebt jedoch den schriftlichen Verkehr zu und in einem Briefe vom 20. Nov. 1524 an Ferdinand von Oesterreich schreibt er Lutheranum negotium latissime pervagatum est et in dies propagat latius. Proinde metus, ne vulgaribus remediis, hoc est palinodiis, carceribus et fasciculis non simus ad modum profecturi. Hac de re submonueram Invictissimum Caesarem fratrem Illustrissimae

Celsitudinis tuae per Glapionem. Submonueram et Adrianum Pontificem. Submonu Clementem et hujus Legatum Campegium (epp. 827). Hieraus scheint mir hervorzugehen, daß Erasmus sich des Glapio als Unterhändler beim Kaiser in dieser Angelegenheit bedient hat, als es ihm des Aleander wegen nicht rathsam schien, sich persönlich in die Verhandlungen einzumischen, und zwar in Briefen, die uns nicht erhalten sind. Denn der einzige uns bekannte Brief des Erasmus an Glapio (epp. S. 742) enthält nichts von Reformvorschlägen.

Zu beachten ist endlich noch des Erasmus Urtheil über die Undurchsichtigkeit von Glapios Charakter (In den Spongien. S. 287.) Equidem quantum ingenium hominis ex prudentum narratione eque ipsius ad me literis conjicere potui, Huttenus si decem annis vixisset cum Glapione nondum pernovisset illius ingenium. —

Inhalt.

	Seite.
Einleitung:	
Die Concilsidee des fünfzehnten Jahrhunderts in ihren Grundzügen	8
I. Die Anfänge bis zur Leipziger Disputation	9—39
II. Die Leipziger Disputation	40—54
III. Der Einfluß der Freunde und Anhänger und die großen Reformationsschriften	55—81
IV. Die Bannbulle und ihre nächsten Folgen	82—90
V. Die Entscheidung in Worms	91—113
Anhang:	
I. Ueber die Echtheit des päpstlichen Breves vom 23. Aug. 1518	115—116
II. Ueber die Vermittelungspartei am kaiserlichen Hofe . .	116—118

Druckverbesserungen.

S. 9. Zeile 11 v. unt. l. Occam st. Oceam.
S. 11. Zeile 1 v. ob. l. Theologumena st. Theo ogumena.
S. 13. Zeile 7 v. unt. l. Ablasses st. Ablaß.
S. 14. Zeile 4 v. ob. „   „   „
S. 30. Zeile 7 v. ob. l. Streitfrage st. Streitfragen.
S. 36. Zeile 9 v. unt. l. vernichte st. vernichtet.
S. 38. Zeile 4 v. unt. l. gehandelt st. behandelt.
S. 40. Anm. Zeile 5 v. unt. l. Egranus st. Tyrannus.

Statt nichts ist überall Nichts zu setzen, statt Huß Hus.

Fehlende Kommata und andere Kleinigkeiten bitte ich selbst zu ergänzen.